民宿网

Airbnb带你住进全世界人的家

詹育雯——著

江苏凤凰科学技术出版社

目录

第一章 开始 Airbnb

一开始只是“贪便宜” 007
- 意外的搜寻结果 007

目前最火的“线上私人旅馆集团” 008
- 入住私宅不是梦 008
- Airbnb 诞生的意外 009
- 连“股神”巴菲特都赞赏 010
- 遍及全球的房源 011
- 获利模式 011
- 成长中的商业模式 012

一住成主顾 013
- Airbnb 现象 013
- 当一日当地人 018
- 房东的情报 = 最棒旅游建议 019
- 另一种自由 020
- “家”的感觉 021
- 意想不到的绝佳地点 021

安全吗？ 024
- 验证身份 024
- 评价机制 025
- 互相沟通 025
- 付款机制 027
- 收费与退款 027
- 住房安全 028

该注意的事 029
- 正面临的反应 029
- 实际发生的灾难案例 032

第二章 应有尽有的房型

旅馆找不到的，这里特别多！ 035
- 各种神奇房子出租中 035
- 度假小屋 036
- 树屋 038
- 船屋 039
- 风车 040
- 洞穴 041
- 其他无奇不有的房型 043

第三章 我的租屋经验分享

法国 046
- 第一次的 Airbnb 046
- 房东小姐现身 048
- 立刻惹麻烦 051
- 友善的法国人 051

●再也没露面的房东小姐 052
●名叫 Tracy 的男房东 053
荷兰 054
●高不可攀的莲蓬头 054
●相敬如宾 056
日本 058
●超“迷你”公寓 058
●躲 NHK 收费员 060
●臂力大考验 061
●工程师的副业 064
●踢到铁板 065
●“你来我往”心理战 066
土耳其 067
●清晨的诵经广播 067
●暂别失恋伤心地 069
●会掉灰的洞穴屋 073
●重返伊斯坦布尔 077
冰岛 079
●冰与火的国度 079
●期待又怕受伤害 081
●山坡上的玫瑰 083
●小镇的过往荣光 087

第四章 找间好房

快速登录 093
●善用社交网络账号 093
房型介绍 095
●这次旅行适合用 Airbnb 吗? 095
●各种房型 096
发出预订 097
●多久前预订 097
●找好目标 098
●出发前的沟通 100
●不开放的时间 100
●房费解密 101
找房攻略 103
●私藏秘诀 103
避开“地雷”大作战 104
●如何避开“地雷” 104
●先私信房东! 105
●最棒≠最适合 107
●不能说的秘密 107
●看似完美的背后 109
●零评价的屋子可靠吗? 111

安全到达 112
●找对路 112
●没网络也不怕的离线地图 113
●可请房东提供的资讯 114
●小心 iPhone 的缺陷 117
●取得钥匙 118
●安全大检查 120
有麻烦了! 121
●我的经验谈 121
●私信被挡? 121
●房东人呢? 122
●临时被取消预订 123
●房东的奇怪要求 125
●损坏房屋、器具 125
●意外访客 126
●延长预订与中途退订 128
●旅伴的抱怨 128
●到底谁打扫房子? 129
●退订与纠纷 130

第五章　当个受欢迎的房客

做个受欢迎的房客 133
●为何被房东拒绝? 133
房东接受率为 99% 的自我介绍 139
●语言能力 139
●自我介绍 140
见面后和房东的互动 142
●基本礼仪 142
●保持美的距离 146
●评价的拿捏 147

第六章　省钱大作战

不管租或住，都能省 149
●省更多、住更久 149
●免费住宿金 149
●房东放促销 150
廉价航空抢票陷阱 153
●天天都便宜? 153

第七章　我也想当房东

潜在机会与风险 157
●共享经济盛行 157
●发展中的周边经济 158
●风险在哪儿? 158

相关风险 160
●现有风险 160
●法规灰色地带的 Airbnb 160
●房屋租赁契约 161
从房客到房东 163
●自我评估 163
●出租目的 165
准备工作秘诀 167
●听听老手谈经验 167
●自有屋？另外租？ 167
●帮房子估个价 168
●收款设定 169
●客源锁定 170
●找出卖点 173
经营秘诀 175
●新人出马 175
●提升出租率 177
●“即时预订”好不好？ 179
●想多赚点？ 180
省时省力的秘诀 183
●快速应对术 183
处理麻烦秘诀 187
●“外星球”来的房客 187
●自己的疏忽 190

第一章

开始 Airbnb

一开始只是『贪便宜』

意外的搜寻结果

相信许多背包客都是这样玩的：今天才开始想明日的目标，找明日的住处，一切交给缘分去决定下一步怎么走。

2011 年的某个深夜，期待中的法国之旅快要到了，但对于要落脚于何方，脑袋一片空白。欧洲的旅馆实在不便宜，虽然我自认是爱省钱的背包客，但对于住的品质还是无法降低标准，根本不想去住只有共用浴室的青年旅舍。在搜索引擎输入了关键词“cheap”“vacation apartment”“B&B ”，就这样，一个没看过的网站跳了出来。

“Airbnb”，光看名字，起初觉得是个搜寻“床位 + 早餐”的网站，但实际点进去浏览后，便发现那个夜晚根本就睡不着，因为实在太有趣了！好多独栋民宅、分租房间可供选择，而且比当地旅馆还便宜一些。“用比住旅馆更少的预算，住进陌生人的家”，对两个要到欧洲“流浪”的女生而言，也太大胆了吧？越是新鲜的事越让我睡不着，为了能赶快找到住处然后赶紧去睡觉，就选中一个位于巴黎，房主是刚生完小孩的法国主妇的房子。为了提高成功率，我通过网站先跟房东进行了联系，洋洋洒洒地写了“虽然时间紧迫，但我们好喜欢你的房子，很想要在你家待上一周”之类的甜言蜜语。

次日一早，信箱躺着 Airbnb 网站发来的一封信，是法国主妇接受我们预订的回复。哇！生平首次将住到陌生人家里，而且还远在欧洲。有那么一瞬间，觉得从今以后，我的旅游方式会有很大的不同。

如果你也正在计划旅游，而且不跟团了，但上网却发现当地旅馆客满……我想建议你：“要不要试试上 Airbnb，找个当地人的家住住看？”等到你半信半疑地打开网页后，相信马上就会大开眼界，不只普通民宅，还有**豪华公寓、树屋、飞机、大巴、洞穴、船屋，这世界上居然有人住在这么棒的房子，而且还可租住呢！**

目前最火的『线上私人旅馆集团』

入住私宅不是梦

也许已经有很多人听过 Airbnb 这个正当红的民宿网站——成立于 2008 年的 Airbnb，总部位于美国旧金山，专门提供出租世界各地的独特民宅，也可让人将自家空房或剩余房源展示或出租给旅客。

无论是充满设计感的公寓、绿意盎然的古堡，还是城市中的 LOFT 风格仓库、树屋、船屋、货柜，只要是能让旅客度过愉快一晚的住处，均可在 Airbnb 网站上找到。这不仅能挖掘全新的旅游魅力，更能深入当地，已成为崭新的旅游方式之一。只要有信用卡，除了能住进梦想的家，有缘的话也许还能跟房东成为不错的朋友呢！

Airbnb 诞生的意外

Airbnb 成立之初，创办人乔·吉比亚（Joe Gebbia）与布莱恩·切斯基（Brian Chesky）也曾欠了一屁股债，辗转尝试了许多经营形态，才有了今天的成功。乔·吉比亚与布莱恩·切斯基是好友，原本在创立网站前，各自从事收入不菲的工业设计工作。就像所有的美国梦之始，两人早对创业抱有热情，也常聚在一起讨论。

机会发生在 2007 年。布莱恩辞掉工作来到旧金山，刚好此地正在举办美国设计研讨论坛，许多特地从国外飞来的同业人员纷纷抱怨饭店早就爆满，投宿无门。两人灵光乍现，就把衣橱内的三张气垫床（Airbed）搬出来，加上提供早餐来卖床位。在火速做出来的简单网页上，大大的标题就写着“Airbed and Breakfast”。没想到这一招还真的管用，早已火烧屁股、四处忙着找住处的人，还真的愿意花钱租这些床。没想到吧？**网站名字是从“气垫床和早餐”演变来的。**

两人活用这样的概念与经验，逐渐集合全美愿意把空房租给旅客的人，让网站上的房源越来越多，这就是 Airbnb 的雏形。但创业哪这么容易，起初网站收入根本无法满足生活所需，两人苦哈哈地过了一段日子，甚至还欠了一屁股债。

2008 年刚好遇上美国总统大选，为了还债，两人只好再出奇招。既然网站名字叫“Airbed and Breakfast”，那不如就来卖早餐玉米片给房客吧。而且为了要卖给从全美各地飞来旧金山参加造由左起依次为三位创办人：乔·吉比亚、内森·布莱卡斯亚克、布莱恩·切斯基。

势大会的狂热政治粉丝，外盒包装还以当时两党的候选人——民主党的奥巴马、共和党的麦凯恩为封面，打出限量的噱头来贩售。理所当然，顺利当选的奥巴马版大卖，而麦凯恩版滞销……滞销的麦凯恩版“Breakfast”也让两人吃了好一阵子。

接下来的两年，Airbnb 辗转受到硅谷知名投资人保罗·格雷厄姆（Paul Grahma）的青睐，他不仅出资相助，而且凭借敏锐的经商头脑与辅导经验，终于让 Airbnb 蜕变成真正能获利的商业模式。逐渐吸取经验后，Airbnb 做出规模，至今还在不断进步。

连“股神”巴菲特都赞赏

Airbnb 网站本身，除了是连接拥有空房的房东与有住宿需求的房客之间的管道，近年来也开始着眼于商务住宿上的需求。连一向甚少涉足科技产业的“股神”巴菲特，也罕见地在致股东伯克希尔·哈撒韦的年度公开信中，表达了对短租网站 Airbnb 的好感：

“预估今年会议的参与人数将创新纪录，我们原本很担心酒店房间不够。为了解决这个问题，Airbnb 推出特别措施，并提供了会议期间住宿资讯的多种选择。对于只想在此待一天的股东，他们的服务可能非常有帮助。预算有限的人士，可以上该网站看看。”

遍及全球的房源

自 2010 年起，Airbnb 不仅发展迅速，还在喜爱自助旅游的群体中拓展了知名度。据官方资料显示，2015 年在 Airbnb 上就有超过 190 个国家、3 万多个城市、2500 万个房源登记注册。这样的规模，可以说是大大胜过其他同性质的网站（如 Homeaway），稳居市场占有率第一。

Airbnb 民宿网从 2014 年 7 月起更新了全新企业标识 LOGO。

2017 年 3 月，为了推进 Airbnb 在中国的本土化工作，Airbnb 给自己起了个中文名字“爱彼迎”。

获利模式

Airbnb 通过向房东收取房费的 3%，向入住的旅客则收取 6%～12%的服务费来维持网站的营运，有些国家还会再加收增值税、消费税或城市税（根据各地法规与不同税额而定）。房客租用的房租越昂贵，或租赁时间越长，房客付出的服务费越会降低，也就是说，大额、长期预订的房客更能节省费用。总而言之，Airbnb 就是房东与房客两者间的中介，从中收取手续费。别小看快速增长的 Airbnb，光是在 2012 年通过该网站预订房间的天数，已经突破

1500万天，从中获得的手续费利益相当惊人。

自从智能手机风行以来，各种推陈出新的便利功能让我们的生活受惠不少。Airbnb 近年推出了自己的 APP，从上网公开房源，到与房客间的联系，都能借由 APP 一手完成。房东能随时掌握房子的出租状况，房客也能利用手机订房，即时与房东联系。

小知识

消费税与增值税

增值税是指在商品的生产流通与劳务服务中，以各环节的增值额为征收对象的一种税。消费税又称营业税、销售税，是指政府对于消费者的消费行为进行课税。

二者的不同之处在于增值税是在每个商业环节的增值部分来征收，而消费税则在最终销售给消费者的环节上才征收。目前针对 Airbnb 房客收取消费税的国家还不算多，但在如美国旧金山、部分欧盟国家、瑞士、挪威、冰岛和南非等地，因 Airbnb 排挤了正常的旅馆与租房市场，已经开始收取消费税了。

成长中的商业模式

当初“把空房租出去”的简单想法，随着大家运用 Airbnb 的方式越来越灵活，演变出许多有趣的租赁形态。原本只单纯提供短租空房，渐渐有人出租树屋、洞穴、拖车，甚至连改造过的飞机、帐篷都能出租，这也让 Airbnb 充满了故事性，为许多媒体提供了能发挥的宣传材料。

2012 年，当纽约市遭逢飓风“桑迪”侵袭时，一位房东主动通过 Airbnb，为流离失所的受难者免费提供短期庇护。这也进一步驱使 Airbnb 放弃向飓风受难的租房者收取手续费，获得不少好评。如今，Airbnb 也朝慈善服务迈进一步，提供了“灾难响应”服务来为受灾民众提供紧急住房。除了免收受灾户、房东双方的服务费，也能通过网站上简单的流程让善心房东提供免费住房。在 2013 年遭受台风“海燕”肆虐的菲律宾、被风暴袭击后的美国亚特兰大与加拿大多伦多，就有许多房东响应此善举。

Airbnb 的事业版图，很早就踏入国际大型会议或赛事期间的住宿市场。它是 2016 年里约热内卢奥运会住宿服务的官方备选供应商。网站上也成立专区，让前往观看奥运的人，入住当地人的家来体验巴西式的热情款待。

Airbnb 现象

Airbnb 发展至今，已不单纯是一个网站的名字。正因 Airbnb 提供了房东“活用闲置资产”与旅客“想找到住处”之间的连接，促使它大力发展。还有几个现象，也是 Airbnb 所引发的。

心态的开放

住进陌生人的家里？或许在几年前，你连想都不敢想。自助旅行本身就有风险，每天要冒着“生命危险”前进破关，更何况住到异国陌生人的家里。但只要你开始注意到，身边有越来越多的人试着住进陌生人家里，而且感觉还挺不错的，你的观念绝对会开始改变。

自从 Airbnb 风行后，你曾梦想过的住宅，几乎都可通过网站预订。即使是美得像童话中的城堡，只要付得起，照样能过把贵族的瘾。不敢跟外国人开口聊天？这世上多的是欢迎你的异国房东，喜欢跟来自世界各地的旅客互动，抢着跟你说“Welcome home”呢！

第一次的法国行，就住到了陌生人的家里。带着紧张的心情打开红色大门，也开启了无法停下来的 Airbnb 体验之旅。

活用闲置资产

许多人家里或多或少都有闲置的房间，甚至是空房子，可能没有想过它们能被利用，甚至还能出租盈利。尤其在许多知名的观光城市，一到了旅游旺季，当地旅馆马上爆满，不提前几个月甚至一年半载预订，或者加入无趣的旅行团，根本就无法成行。

只要是有干净的基本生活空间、家具、家电的房子，一般旅客几乎就能接受了。对喜爱自助旅行但找不到旅馆的人来说，这简直有如神助，不仅解决了住宿问题，还连带降低了旅游预算（若对房子没有太高的要求）。

只要不介意家中有陌生人入住，而且相处愉快，相信不会有人拒绝多一笔收入。若有地点不错的空房子，还能在找到长期租客前，将之短期出租盈利，降低闲置成本。当然想要通过短租实现比长租更高的回报率，也绝非不可能，这正是许多 Airbnb 专业房东在做的事。

有三间大房的意大利山中石屋，除了度假自用外，屋主也放到 Airbnb 出租，吸引了不少登山友。

刺激当地发展

一个当地人给你的旅游资讯，其受用程度可能大大胜过买一本关于旅游的书，甚至比旅行团还更加深入当地文化。一个人在旅途中，凡是衣食住行育乐的需求，皆能化为一股不小的经济力量。别小看这样的经济规模，其甚至能成为活跃当地产业的关键。**据 Airbnb 统计，在 2012 至 2013 年间，Airbnb 的房客平均在一个地区消费的每 35 元中，就有 12 元给了房东，另外 23 元则贡献给了当地经济，消费花销几乎是房费的两倍。**可见 Airbnb 的房客不再只是走马观花，或到免税精品店大肆采购了，吃喝拉撒睡都靠当地人提供服务，确实直接刺激了当地经济。

一个尽责又热心的房东，透过他 / 她的指引可以带给当地旅游业、餐饮业等很大的帮助。别以为不可能，只要房东提供给旅客明确的指南，不管是到附近的咖啡厅用餐、去当地市场买菜、到书店购买明信片，还是到按摩院享受 SPA、去厨艺学校上课学做菜、购买纪念品等，让房客充分享受旅居当地的体验，都能让当地产业直接受惠。

附加产业的诞生

相不相信？ Airbnb 也促使了某些新形态的公司诞生。**在日本，已经有许多专门辅导一般人经营 Airbnb，甚至代管经营的顾问公司了。**这些公司瞄准的市场，就是运用自泡沫经济以来节节上升的大量空屋，以及子女离巢、孤单在家的中高龄者拥有的房子。近来许多外国人到东京买房，在日元不停贬值的情况下，经营者宁愿利用短租来快速提升盈利，这也是 Airbnb 的房源之一。

可能是害怕外国人的民族性使然，日本人本来就不欢迎陌生人来访。即使是旅客到访数量惊人的东京，2012 年前在 Airbnb 上的搜寻结果，房子还寥寥无几。但自从东京取得 2020 年奥运会主办权后，Airbnb 上提供的东京房源就急速上升。在 2014 年据说就有超过 30 万人通过 Airbnb 住进民宅，2015 年更是超过 100 万人。

近年因日元大幅贬值，带动一年三成的旅客成长量，再加上东京旅馆房间数原本就不敷需求，许多自助旅客转而上 Airbnb 寻找住处。刚开始愿意开放空房预订的，大多是当地的外籍人士，以及个性开放、喜爱文化交流的日本人。日本人个性较为保守，但这几年已有许多人经营有成，慢慢地促成更多人试着加入经营行列。有人甚至一次租下许多房子，当起了专业房东。许多已经退休、子女不在身边的中老年人，也试着出租家中空房来增加收入，不仅找到事情可做，还让退休生活多了一点文化冲击的乐趣。

小知识

日本兴起的 Airbnb 顾问公司

一样是国际大城市的东京，在 2015 年搜寻它的 Airbnb 出租房，约略有三四千间。同比其他大城市如巴黎有 4 万间、纽约有 3 万间，东京成长的空间还很大。

在日本这类专业顾问公司，提供的服务大多分成三个方向：辅导一般大众成为 Airbnb 房东、代管租赁、联合经营。由于多数日本人不擅长跟外国人接触（尤其害怕用英文沟通），或者上班族想要分租降低经济压力，但局限于白天有专职工作，且公司规定不能经营副业，所以顾问公司就有了介入盈利的机会。

通常顾问公司本身会经营几处 Airbnb 出租房当成示范，另外也收取顾问费，教人如何成为合格的 Airbnb 房东，从空间营造、室内设计，到如何撰写指引地图、房间守则、旅游指南，都能帮房东贴心规划。若房东无法抽身控管房子，还能提供贴心的代管服务。收费方式有许多种，但大多数是从每个月的营业额中，收取一定比例的抽成。连处理旅客留下的垃圾，也是服务之一喔！

例 1：“zens 株式会社”由几个三十岁的年轻人成立。采取完全成功报酬制，协助顾客从零开始学会经营。代管服务则收取房费的 20% ~ 30% 和房客支付的清洁费，同时设法让房客写出好评价。

例 2：“CosmoBridge”除了经营英语补习班与国际交流事业，还同时经营 Airbnb，提供国外旅客与学生练习英语的机会，同时做深度文化交流。收费方式则视提供的服务规模而定，例如最基本的“一对一顾问”为一小时 5000 日元，协助经营则每月收取房费的 5% ~ 40%（视介入程度而定）。

例 3：单枪匹马的私人顾问以收取顾问费居多，例如有的人收取四个月顾问咨询费达 6 万日元。

当一日当地人

融入当地最快的方法，就是住在一般民宅。待久一点，多少能体验到当地居民风情，感受到不同的建筑特色、风俗习惯。若你是个喜欢研究生活细节的人，这不失为一个好机会。例如在地热与温泉发达的冰岛，直接接管让家家户户随时享用，水龙头一打开就是温泉水；进入日本民居时，一定要先脱鞋再进入等。待上一段时间习惯后，回到原本的家反而觉得哪里不对劲儿。房东推荐的餐厅，有可能是只有当地人才会去的，不仅可尝到最地道的菜，还能顺便观察该国饮食习惯。大约只要待上一周，你看起来就跟当地人没有两样了。

住在民宅还有个好处是可自己下厨。已经拉着行李箱，大老远搭飞机来到国外了，为何还要自己下厨？其实不是每个国家的菜肴都合乎所有人的胃口，或者当地物价高昂，能购买食材回去料理，也是省钱之道。毕竟物价昂贵的国家，一日三餐就会花去不少预算。暂居东京时，我喜欢晚上过七八点后光顾附近的超市，因为此时就是蔬果肉类开始打折的时候。除了价格可能比在国内便宜外，

冰岛物价高昂，无法顿顿在外吃，所以找间有厨房的房子自己煮饭，还能做出中西混合的料理来怀念家乡味——冰岛小龙虾炒白菜。

跟当地主妇一起疯抢折扣品，也是一种乐趣。此外，日本是个国民不太爱吃早餐的国家，而且又惯吃冷食，所以不像在家乡有到处林立的早餐店，想吃到热腾腾的餐点，顶多只能到连锁餐厅吃变化不大的晨间套餐，自己动手做反而较合胃口。

特别是有小孩的家庭需要冲奶粉或准备婴儿食品，而且对于有特殊饮食限制、宗教习惯的人来说，有个便利的厨房很实用。当然，既然都出国了，不好好享受当地最具特色的美食，岂不是很可惜？不要怕被赚钱，偶尔让当地人赚你一小笔吧。

房东的“情报”＝最棒的旅游建议

我觉得一个热情的房东，胜过一本旅游书。房东可能是从小在该区长大的当地人，也有可能是因工作、结婚等个人因素移居此地。有些认真的房东，你可在他房内找到旅游书（也有可能是之前房客留下的）、地图等。我偶尔会遇到认真的房东，甚至把房间指南与旅游资讯做成一本档案夹，同时还夹上几张餐厅、超市的折价

好心的冰岛房东 Thorir Kr. Thorisson 先生，不仅一早印出气象预测，还提供了不少餐厅与旅游资讯。他正在帮我们打电话预约赏鲸行程。

券。由此可见，他们已被房客五花八门的需求给训练好了。

房东可能会知道，附近的美术馆何时不挤，附近哪家餐厅供应素食，哪家咖啡馆的服务生特别帅、蛋糕好吃。或是旅游书上根本没告诉你，原来隔壁巷子转个弯，就是某个名人的私人纪念馆。省下的金钱与时间，有时感动到令人难忘。但请注意这个附加价值，是建立在你是个好房客的前提下的。房东提供的只有基本的住宿空间，不一定保证让你享受到留宿旅馆般的贴心服务，毕竟这些算是“额外服务”。前一个房东提供了，不代表下一次也能遇到一样热情的人。在预订前的沟通时以及抵达后，务必保持有基本礼貌，让房东觉得你不是个“难搞”的房客，否则他只会躲得远远的，避免与你接触。

另一种自由

住过旅馆的人都知道，偶尔碰到了嘈杂的观光旅行团，而且好几天还要同进同出，那种挥之不去的烦躁感有多可怕。使用设施时要排队，用早餐时要排队，连退房时也要排队，这在时间上就是很大的损失。尤其“大家要一起进行一个活动”的厌倦感，会浇熄出发前对旅行的想象与期待。

自己租下一间房子，就能避免上述的拥挤与时间的浪费。能好好在自己“家里”研究明后天的行程，多棒！但前提是你租到的是独栋的房子，若是预订到分租房间或社区大楼，就可能会受限于房东的作息时间，以及该栋大楼的出入规则了。

暂居东京时，我曾租过一间有趣的房子。房主把房子重新改装，变成一栋有八个单间的住房，专门分租给单身年轻人，且这些住户还经过特别挑选，有人环游过世界、住过非洲，而且能说多国语言，个性和善又爱助人。房主再把其中三间租给旅客，每个人除了能共用起居空间外，有空儿还能互相交流，一起做菜分享食材，旅客们也受益良多。累的时候躲回自己房间，各自拥有出入的自由，没有门禁限制。

“家”的感觉

世界上再高级奢华的旅馆，也取代不了家给人的安稳感。Airbnb 所提供的服务性质，并不是什么全新的概念，因为在它出现之前，世界上已经有很多出租度假公寓、分时公寓等网站存在了，更何况自古以来也有客栈。但唯独 Airbnb 很聪明地用“家”的概念，包装出全新形象，也从其他度假公寓网站吸引了不少商业民宿加入其中。

Airbnb 除了鼓励人们把家中的空间分享给旅客，也教导房东如何当一个称职的接待者，从另一种角度来说，房东也承担了文化交流的使命，这也是吸引旅客再访的诱因。

意想不到的绝佳地点

世界上还有些观光景点，人们怎样都无法在附近找到旅馆。有时可能受限于法令规定，无法在当地增建新建物，也就没有旅馆业者进驻了。旅客需要一大早爬起来，或半夜舟车劳顿地前往景点，想必很多人都有这种体验。这时候来试试 Airbnb 找住处吧，有时还真的能找到民宅可租呢。

史诗级景点

想象一下，住在能看到巴黎埃菲尔铁塔的公寓，是多么令人羡慕且便利的选择。但附近的旅馆价格，可是高昂到令人不敢想象，更何况不提前半年预订，还不一定有机会住进去。但围绕在巴黎埃菲尔铁塔四周的民宅，根本就是个未开发的宝藏。好好在半年前敲定日期，存好你的心愿清单，说不定就能轻松实现梦想了。

还有位于东京墨田区的晴空塔，入夜后华丽缤纷的灯光秀非常迷人。但随着日元贬值以及航空业的发达，现在东京的旅馆已经不太好订了。墨田区算是东京的下町（老街区），有兴趣的人可搜寻此区，房东还以能看到晴空塔为优势，纷纷经营起 Airbnb。

玩家级景点

许多人迹罕至的观光景点，投宿的地点通常也“远在天边”。没有自备交通工具的话，舟车劳顿的旅途，绝对是影响白天精神的主因。但说不定在附近的村落，已经有当地居民在 Airbnb 上当房东好几年了。就近投宿并好好地睡一觉，早上精神饱满地前往景点，调好位置拍照，多重要啊！

例如土耳其知名的世界遗产之一——棉花堡，因含碳酸钙的温泉水从地底涌出，在地表冷却后碳酸钙也逐年累积，变成一整片细白如雪的山丘。而清晨斜射的柔和阳光，能在白色石灰岩地形上映射出美丽的色泽，最适合拍出美丽的照片。从最近的城市代尼兹利往返需要两小时车程。但棉花堡山脚下就有个小城镇，找间评价不错的民宅，隔天一大早轻松步行上山取景，下午即可启程离开。对于行程比较紧张的人来说，直接省了半天时间。

还有荷兰阿姆斯特丹近郊桑斯安斯的风车区，可别以为那些只

土耳其知名的棉花堡（Pamukkale）。

是谷仓，几个风车主人已经开放入住，可来体验一下古代荷兰人依风车维生的感觉。但其实睡在风车内挺吵的，神经敏感的人还是建议住在已经改造过的风车中为好。

除非有强大的好奇感与不敏锐的耳朵，否则住在起风后的风车内部可是非常吵的，想住得清净还是去找改造过的风车吧。

重要交通据点

有长期自助旅行经验的人都知道，拥有多条地铁交会、公交车路线的住处有多重要。一来四通八达，二来需要换车的次数减少，能省下时间与金钱去玩更多地方。先预订好一个交通便捷的住处，再来规划想造访的景点，玩起来会更轻松。

例如巴黎重要的交通枢纽——巴黎北站（Gare du nord），就是身兼法国国铁、地铁、区域快铁、远郊铁路、省际列车、法国高铁（TGV）、欧洲之星（Eurostar）高速铁路的交会点，也是世界有名的繁忙车站。住在附近除了可轻松玩遍巴黎外，还可延伸至郊区的凡尔赛、枫丹白露等，甚至到更远的香槟区去品尝红酒，或者搭着法国高铁与欧洲之星，前往其他欧盟国与对岸的英国，享受一日周游数国的乐趣。

安全吗？

验证身份

住在地球两端，彼此互不相识的两个人，如何才能保证住到异国陌生人家中，安全、便利，并兼顾愉快的心情？靠的是人与人之间的信任。但信任由何而来？口说无凭，当然靠实际能看得到的证据。Airbnb 在促成房东与房客的“生意”前，可通过认证机制让房东、房客彼此确认可否相互信任。简单地说，就像拍卖平台一样，累积更多好评来加强自己的可信度。虽然不能保证每个评价都是评价者的真实心声，但对身处异国的旅客来说，至少能作为入住前的参考基准。

不管是房东或房客，都可通过连接社交网络（如微信、新浪微博等），上传身份证件或验证手机号码、电子信箱等手续，来确认身份的真实存在。一些高级公寓的房东，对于入住者的身份要求较严，Airbnb 也针对房客增加实名制，如上传护照影印件（需有本人签名），再经系统认证后，才能进一步申请预订。房东严格筛选房客的做法，对于好评较多的顾客来说是好事。

评价机制

就像拍卖网站一样，评价机制应该是大家用得很熟悉的工具。通过大量的评价，能了解到陌生房东或房客的好坏，也可了解到房屋条件、周遭环境、房东接待态度等。房客也能接受房东邀请为其撰写推荐语（类似求职的推荐信函）来增加自身的可信度。当然，你也能邀请熟识的好友帮自己写哦。

但就像任何卖家经营拍卖一样，有些好评不免是操作出来的。如何从评价中判断出真正的好房子，靠的是投宿经验的累积。本书后半部分会讲解如何靠评价看出房子有无缺陷。

互相沟通

为了保障安全，Airbnb 提供了房东与房客间的联系渠道。除了保证真的有这个房东存在外，网站也能显示房东回复速度的平均值，让房客了解房东的积极度。但一切对话沟通，仅能在网站上与手机 APP 上进行，此举是希望避免双方私下进行交易，衍生出安全上的问题。

但在还未预订成功前，可别想通过私信来跟房东进行私下交易！因为聪明的 Airbnb 早设想到房东与房客会想省下中间的服务费，**尚未完成预订前，私信时贴上的所有网站链接、电子信箱、手机号码等，通通都会被网站挡下**。即使你有小聪明，懂得用暗号或其他手法取得私下联系，但可别以为房东也吃这套，因为大部分的房东只想好好做生意，不想惹了麻烦还无处申诉，毕竟 Airbnb 对于正当房东的保障还是很完善的。

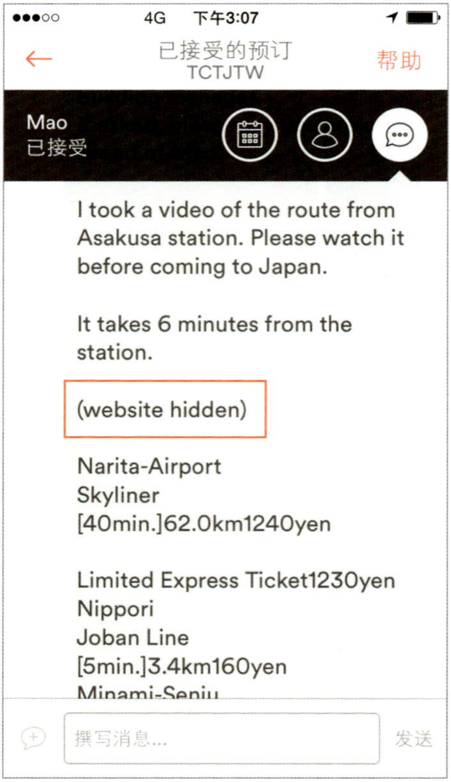

只要贴网站链接等资讯，一律会被网站主动屏蔽。

付款机制

毋庸讳言，对房东来说经营 Airbnb 就是门生意。想顺利收到款项，意味着房东要提供令人满意的住房服务。Airbnb 上几乎所有的信用卡都能使用，入住 24 小时之后才把房费发放给房东，让双方感到安心。基本上只要有张有效信用卡，就可以开始使用 Airbnb 了，非常方便。

> 小知识
>
> **Airbnb 提供刷卡服务**
>
> 每个地区惯用的信用卡系统不同，国内提供了 VISA、MASTER、JCB、美国运通卡 4 种选择，几乎涵盖所有发卡单位的信用卡了。只不过 Airbnb 是外国公司，所以每一笔还是会加上“境外消费手续费”（因各发卡行不同而费用各异），收到账单时要注意一下。另外也能依需求选择欲计价的货币。

收费与退款

预订的费用由三个部分组成：房费 × 天数 + 清洁费 + Airbnb 服务费。若你选择预订的是部分欧盟国、瑞士、挪威、冰岛和南非的房子，Airbnb 服务费还会自动加上当地的增值税率（请注意各国政策与税率在持续变动中）。

若突然房子无法让房客入住、房客临时改变计划，只要在入住前取消预订，Airbnb 会退回预订时的房费与清洁费，**但服务费不予**

退还。且为保障双方权益，并防止无聊人士不经思考就发出预订，Airbnb 设了多种退订机制来预防。在此提醒大家，开心浏览房子并下订单时，一定要看清楚房东的退订政策，以免一时误解造成彼此不开心。（请参考第四章第 130 页：退订与纠纷）

预订费用

¥1269CNY x 2晚	¥2538 CNY
清洁费	¥507 CNY
Airbnb 服务费	¥362 CNY
总价	¥3407 CNY

付款已收到: 2015年5月06日 (三) (VISA xxxxxxxxxxxx7742)	¥3407 CNY
差额	¥0 CNY

这是我实际在冰岛预订房子的收据，服务费项目中还代征当地的增值税或消费税。

住房安全

房客在发出预订之前，可通过房源的介绍来确认这个房子是否具备基本的安全设施，如烟雾探测器、灭火器等基本设备。同时房东也要提供紧急联络电话，确保意外发生时，身处异乡的房客能获得紧急协助。但这些都需要一个有责任心的房东，因此发出预订前有任何疑虑，建议还是跟房东问清楚。

目前 Airbnb 已经针对美国地区，主动送出数万个烟雾侦测器给房东们，除了提升房东在提供住房时的安全意识，也想顺势改善公众形象。以后在提升住房安全方面，Airbnb 势必还会针对房源做出更多认证，让房客安心入住。

该注意的事！

正面临的反应

以“共享经济”为出发点，在全世界大行其道的 Airbnb，在发展途中可不是一帆风顺的。风光过了头，也代表市场机制某一天可能会反扑。

旅馆业的反应

就像提供私人司机与共乘服务的打车软件一样，许多人第一次听到 Airbnb，可能是从新闻的负面消息中认识它的。自 Airbnb 出现后，短期内尚未大幅动摇到旅馆业的地位，但不必通过消防安检、不用缴税（部分地区除外），也不必为旅客投保，价格更是比正规旅馆有竞争力，这些已逐渐威胁到旅馆的地位，让旅馆业跳出来逼迫政府立法监管。

据统计，在部分观光地区的 Airbnb 短租市场，已经蚕食掉旅馆业 5% ~ 10% 的业绩，让许多合法旅馆经营者跳脚，纷纷希望政府单位取缔。不仅如此，当旅客通过 Airbnb 租房，开始接收由 Airbnb 推荐的周边设施如餐馆、咖啡店、观光景点等，未来逐渐也会对猫途鹰（Tripadvisor）这类网络服务商造成威胁。

土耳其西部海岸百年石屋，梦幻的地中海风房子也能通过 Airbnb 住进来，四人一晚约 858 元人民币。

邻居的反应

Airbnb 原始出发点，只是让人把家中闲置房间租出去，赚取点收入，但随着出租形态的五花八门，也衍生出不少问题。在纽约，就有人租下优质地段的高价公寓，不自住反而租给全世界慕名而来的旅客，当起二房东。二房东不仅年收入超过 50 万美元，还根本不住在纽约市内，而是住在很远的郊区。此举不仅触怒原屋主，其他邻居每天看到不同国籍的陌生人，也同样恼怒。在美国许多社区，已经贴起公告“不欢迎屋主或房客经营 Airbnb”。若你家隔壁常有陌生人进出，或许你也会心生反感。还有些人把为造福低收入户与青年的“廉租房”租给旅客，高收益的租金与低廉租金相抵后，

租个“家”最棒的地方，就是有个完整的厨房可以使用，自己做个大厨展现手艺，这一点只有基本配备的旅馆很难做到。

反而大赚一笔，完全失去了为造福弱势而设的初衷。

不只如此，我还遇到过更令人啼笑皆非的事情，而且是来自同样在经营 Airbnb 的竞争者。某日入住后，翌日欲外出时遇到了对面邻居，愉悦地道了早安，结果同样在经营 Airbnb 的这位先生，询问起我住几晚、房费多少等问题，并讲了不少我房东的坏话，还要我考虑搬到他的房子里。等傍晚遇到房东后提起此事，她生气地说隔壁邻居没事就跟房客毁谤她，企图干扰生意，等有空一定要上门去理论。任何身处异国的人遭遇此事，一时还真的不知该相信谁，心里一定会升起防护意识吧。

租客的反应

Airbnb 的诞生地——旧金山，原本民生消费就高昂，地方政府又明令控制租金以保护房客，导致即使房客难缠，碍于法令也难以赶走。后来许多房东发现，改成短租后，反而比长租更赚钱，于是千方百计把原有房客赶走改经营起了 Airbnb，造成了租房短缺。

当地租客组织就非常反对 Airbnb，因为此举让许多人越来越难找到住处。旧金山已经立法规定，自 2015 年 2 月起，有意短租的当地居民必须每两年到相关政府部门登记，并缴纳 50 美元费用；屋主一年内必须住满四分之三的时间，才能短租给旅客；此外每笔预订必须缴纳 14% 的旅馆税，并购买责任险。

实际发生的灾难案例

当然，危机永远躲在黑暗处，不知何时会跳出来。近年因通过 Airbnb 短租而发生的纠纷也不少。把自己的私人空间开放给陌生人，也可能会带来灾难性的后果。

案例一

一名叫 Ari Teman 的男子，将名下的豪宅放到 Airbnb 上短租，某日另一名叫 David 的男子留下信息，表示将在周末举行婚礼，想租豪宅来举办结婚派对。Ari 直接交付钥匙后，因忘了带东西，晚上临时回家，才发现 David 举办的根本不是婚礼派对，而是疯狂的私人派对！ Ari 赶紧把人赶出去后，留下了宛如龙卷风袭击过的房子，损失金额居然高达 8 万美元。Airbnb 最后补偿约 2.4 万美元，大部分损失都要房主自行承担了。

案例二

一名女子在旅客离去后，发现租客在壁橱上开了一个洞，把钞票、信用卡跟值钱物品全卷走，而且还私自穿走了她的衣服和鞋子。她气愤地表示：“这混蛋居然还给我发邮件，说感谢我的热情招待，结尾还打了一个大笑的表情符号！”

有坏房客，当然也有恶劣房东喽。例如有旅客表示遇到过突然被房东半夜赶出来、到达目的地但房东人间蒸发等倒霉的状况，遇到这种事也只能自求多福。记得选择评价数高、信用良好的房东比较保险，发生事情时请赶快向 Airbnb 举报。

第二章

应有尽有的房型

旅馆找不到的，这里特别多！

各种神奇房子出租中

每当看到电视或杂志中介绍的美丽房子，你心中一定有疑惑：真的有人住在这种房子里吗？世界这么大，当然什么房子都有人住，而且还有人出租。

Airbnb 最大的魅力（也可说是噱头），就是真的有人出租各种神奇的房屋，帮你实现梦想。对于已经住腻旅馆的人而言，简直是开了另一扇窗。Airbnb 网站偶尔会特辟专区，介绍这些充满魅力与惊奇的家。若刚好为了装潢自家而烦恼，不妨利用旅游时，住极具设计感的房子，还能为自家装潢寻找灵感来源。

很多人一定像我一样，有时打开 Airbnb 网页，只是纯观赏、加入最爱清单，但不见得会预订，光是浏览这些美丽的房子，就能满足旅游的幻想了。因为人总是觉得“外国的月亮比较圆，别人家的草坪一定比我家的绿”，但上了 Airbnb，会发现这个想法居然是真的，好多人的家比样板房还要美！

度假小屋

欧美国家的人普遍有度假习惯，更有财力的人会拥有度假小屋，例如巴厘岛乌布的别墅就为许多欧美人士所有。每逢夏冬、长假，就会有许多人千里迢迢飞到此地，在自己的别墅里享受难得的空闲时光。距离东京仅有两小时车程的轻井泽，也是许多有钱人的避暑胜地，东京的屋主们在酷暑时就会来此。但并非所有人购入或自建别墅后，都负担得起每年的管理费、维护费用，所以也有不少屋主在不使用时，选择腾出来让旅客承租，还顺便卖起房子呢。

2015 年的夏天我与三位好友前往冰岛，就通过 Airbnb 找到一栋特别的小木屋。由于冰岛物价高昂，为了节省旅费，欧美人盛行开着房车到冰岛自助旅游。家庭旅游或三五好友共租一栋小木屋，不仅可自炊或烧烤，也能拉近情谊。这类小木屋多半属于冰岛人，

位于冰岛南海岸的小木屋“Lambhús Cottages”，入住时刚好是开满野花的盛夏。

充满原木香气的小木屋陈设，全部都是身为木匠的农场主人自己打造的，只有桌椅是从宜家搬运来的。

对于假日或盛夏时的度假小屋，爱泡温泉的冰岛人还会给小木屋增添家庭式大按摩浴缸。但自从冰岛在 2008 年发生金融危机后，许多人为了减轻经济负担选择租给国外旅客。当然也有专营小木屋生意的人，例如我入住的“Lambhús Cottages”的主人。

为何选择住小木屋呢？原因之一是冰岛南海岸盛行露营，许多欧美人士都是开着房车，或是带着睡袋前来露营，或是寻找这种小木屋入住，所以这里一般的旅馆反而不多。“Lambhús Cottages”的小木屋分双人房与四人房两种，房内有基本的生活设施，包括小厨房、上下铺、沙发、餐桌。有机会来冰岛的人，不妨多加利用。但一定要记得盛夏可是冰岛的旺季，大批游客会从世界各地涌入，想要体验小木屋的人最好提早半年就预订。

小知识

冰岛物价高昂

外地客来冰岛，盛行露营与烧烤，许多青年旅舍与小木屋并不帮旅客准备床铺，需要自带睡袋或跟旅馆另外租用，而且盥洗室可能是共用的，在预订时要特别注意。

树屋

小时候我们都做过住进树屋的梦，仿佛躲入了树屋，就进入了一个坚固的堡垒。但想在城市里找到一棵稳固的大树，还要在上面盖间树屋，简直难上加难。但如果你有看过一个电视节目《树屋大师》，就知道原来树屋不只是儿童的梦，即使成为大人，也拥有树屋的梦想。

想盖树屋，不仅要顺应大自然的奇妙变化，还要在建造过程中考虑管线接配，忍受令人眩晕的高度，才能拥有一栋巧夺天工的树屋。想要达成童年的梦想，就上 Airbnb 找找吧！但住在树屋上仍有不便，例如不请自来的虫、鸟、蛇，有恐高症或是运动神经不发达的人，担心从树上滚下来的话还是仔细考虑一下吧，毕竟住起来不如一般房子便利。

东京奥多摩川有几个树屋，虽然这只是给露营者用的游戏小屋，但国外有许多树屋内的设备，豪华程度能媲美豪宅。

船屋

为了适应地形或避免水灾，世界上有很多人选择住在船屋，尤其是湖滨、运河旁、低洼地带的居民。例如荷兰的阿姆斯特丹是有名的运河城市，而且荷兰的正式国名在荷兰语中的原意就是指低洼地带。整个城市大小运河纵横，河上往来运行的船只中，很多改为餐厅或旅馆，当然在 Airbnb 上也能找到不少。

虽然听说船屋上的设备一应俱全，跟一般民宅差不多，但一出门就等于出船，很容易成为众人的拍照目标。连接着海的阿姆斯特丹运河难免会有波浪起伏，容易晕船的人也不建议入住，以免整晚要服用晕船药。

小知识 **尼德兰**

中文所称的荷兰（Holland），严格来说只是尼德兰王国中一个地区的名称（北荷兰省与南荷兰省两地的合称），正式国名应为“尼德兰王国（Netherlands）”。

停泊在河边的船屋。

风车

世界各地都有风车的存在，如希腊、土耳其西岸、英国、美国等地的乡村，依旧能见到许多风车还在“服役”中。但一想到风车，心中第一个涌现的国家就是荷兰吧。原本用来当磨坊的风车，随着工业时代的来临而逐渐凋零，在荷兰当地只剩少数地方如 Zaanse Schans 风车村或 Utrecht 等地仍被良好保存着。风车以前用来碾谷物皮与储存粮食，不碾谷后，有一度被用来碾水彩颜料的矿石，目前几乎都被作为观光古迹。Utrecht 的一位风车拥有者就把风车内部改装，变成适合居住的观光民宿。为了扩充使用空间并避免噪声，已将内部原本的风车齿轮移除，风扇也被固定住，才不至于干扰房客睡眠。

但想要圆住在风车中的梦，代价可不便宜。风车原本就被列为古迹管理，想住进来的费用相当高昂。Utrecht 的风车住一晚要价近 2600 元人民币，尚不包含 Airbnb 12% 的手续费与清洁费（还

土耳其西岸小镇阿拉恰特（Alacati）也有风车。属于希腊式的风车，形状与荷兰式风车稍有不同但用途一致，也有人改装后出租给旅客。

位于阿姆斯特丹近郊的 Zaanse Schans 风车村，近看风车时才能感受到它的巨大。目前许多风车内部早已改为博物馆或纪念品商店，但有些还在默默卖着花生油（不知是不是用风车碾的）。

要另付 5% 城市税）。而且到阿姆斯特丹市区还要乘坐 20 ~ 30 分钟的火车，除非是非常热爱大自然风光、爱与羊儿为伍的人，否则身为省钱一族的背包客还是乖乖住在城内吧。

洞穴

最有名的洞穴屋地带，应该就非土耳其的卡帕多奇亚（Cappadocia）莫属了。在数百万年前此地火山运动频繁，喷发的火山熔岩与火山灰覆盖了整个地区。经过长时间雨雪风霜的侵蚀与刷洗，成就了卡帕多奇亚巧夺天工的自然奇景，是世上最壮观的风化岩石区之一。这里气流稳定舒适，除了是全世界最适合搭热气球的地区外，利用各式奇岩打造出来的洞穴屋，也是知名的卖点。

来到这里，怎么可以不体验一下？ 2014 年的土耳其之旅，我特别在 Airbnb 上订了三天的洞穴屋，虽然到了当地才发现此处不是民宅，而是洞穴屋旅馆老板想增加知名度来扩大生意，把广告放在了 Airbnb 上。进了洞穴屋后可说是别有洞天，不仅墙壁的凿痕清晰可见，墙上也有几个通风口便于空气流通，连浴室也是凿出来

卡帕多奇亚的奇妙岩洞地形，许多人工洞穴是前人为了躲避宗教与战争迫害所挖出来的。

的呢！只可惜晚上睡觉时，从岩壁内透出的寒气，令人直打哆嗦。而且洞穴屋最大的缺点，就是入夜后由于热胀冷缩的作用，有小碎石不停从天花板上掉下来，若运气太差选到会掉沙的床位，那整晚就要忙着扫沙了。此外因通风不太好，有时会租到有霉味的洞穴屋，因此务必在决定前先好好研究这间旅馆的评价。很爱做生意的土耳其人，怎么可能让旅客用低廉的价格住进洞穴屋后，不好好推

洞穴屋的浴室，部分墙壁与全部地板都铺设了隔水的地砖，但地上的小碎沙还是无法避免。

销其他行程再捞一笔呢？预订完成后，铁定会收到旅馆老板亲切的来信，同时向你推销热气球、徒步健身、品酒、旋转舞、土耳其浴等各式各样不同的行程，因为中介行程才是他获利的最大来源，肥水可是不流外人田的。

2014 年秋季我预订的是四人房，三晚含早餐，平均一晚才 668 元人民币 ，在当地属于淡季时的中低价位。所以老板吩咐前台的小哥，天天盯着我们要去哪儿，若没卖给我们高价的行程，他可是没什么赚头的。而且当地许多旅馆经营者都上 Airbnb 打广告，希望拉点散客多做点生意，同时兼做旅游中介。不然有赚头的热气球利润几乎都被旅行社赚走了，单打独斗或新加入的旅馆，在淡季时只能捞捞散客来度日。

其他无奇不有的房型

世界之大，无奇不有，只要能睡的，Airbnb 都有提供。例如美国的下水道、欧洲的教堂、废弃的飞机改造而成的旅馆、校车等，都曾看过有人出租。但绝大部分的人还是会选择普通的房子，毕竟住起来舒不舒服，会影响到旅游的心情。**如果可以，还是建议大家选择租赁普通的房子**，否则若以“跟想象不同”“住得不舒适”“家里人说想要换房子”等理由，都住进去了才跟房东要求提早退房或退款，可是会招人怨的。

若想要圆梦又不想扫兴，建议先看看这些特殊房子的评价。虽然评价仅供参考，但也不失为一剂预防针。在入住之前也要有些心理准备，毕竟有些房源本来就不算是“房子”，事后再来申诉，若想成功获得退款可能需要一个漫长的协调过程。

第三章

我的租屋经验分享

模样奇特的蕈菇

云南大理的 Airbnb 房东很好客，晚上要请吃饭，所以带我们去菜市场，但她要买的蕈类长得真是模样奇特……（但很美味！）

天使玩穿越

“哎呀，卡住了！”Airbnb 上匈牙利的一栋房子，一个天使不小心穿墙而过（还是法术刚好失效？），居然有这样别出心裁的装饰。

租屋趣谈

就像拆礼物般，每次前往下一个 Airbnb 上订的房子，都是种未知的惊喜。来看看房东们带给我哪些有趣的回忆吧。

邪恶之眼

在土耳其人家里一定会看到的蓝眼睛，破了就代表已帮你“挡煞”。为了不遇到坏房客，房东家里应该都有一打存货。

牛在“罢工”中

冰岛一个房东在楼下经营咖啡馆，为了顺便卖羊肉汤而画了这样的图，当然也让我去喝了一碗很贵的羊肉汤。

法国

第一次的 Airbnb

很多人对巴黎的幻想，大多来自于电影或时尚杂志的报道。似乎总是充满时尚名人、影星、型男型女的巴黎，在我们的想象中，仿佛空气中随时都漂浮着“No.5”香水的味道。真实的巴黎，到底是什么模样？

2011 年 1 月的某天，带着期待的心情造访欧洲两周。出发前已经得知巴黎比较好的饭店根本高攀不起，除了能查询到度假公寓资讯的猫途鹰（Tripadvisor）网站外，另外又跳出一个我当时从没看过的网站，叫作 Airbnb。

巴黎一年可挤进上千万的旅客，旅馆价格原本就高得惊人。但总该有其他较经济的选择吧？这个刚刚跳出来的网站上，有许多人把自家的房间拿出来租给旅客，当中各式各样充满个性的房子令我开了眼界。没想到有这么多人愿意把空房租给别人。于是，生平第一次去国外就住在陌生人的家了，而且是在法国。

入住房源资讯

巴黎

日　　期：2011 年 2 月
入住人数：两人
房　　型：整套房屋（一房两厅一卫）
花　　费：一日约 80 欧元／无清洁费
（备注：Airbnb 服务费 12% 另计）

二楼就是我们未来
七天在巴黎的家。

住在巴黎？好梦幻！选了一位法国主妇的房子后，瞧瞧这间房子可出租的时段，刚好吻合我们待在巴黎的时间，没想太多就敲定了这间。当时还不太熟悉 Airbnb 的使用方式，但既然是去住陌生人的家，礼貌一点准没错。通过网站联系时就写上了我们对她的房子有多么期待，多么想在巴黎待上一周，还想好好地体会法国美食……期待对方会很开心地接受我们的申请。第二天，就收到对方接受预订的信件，当时兴奋的心情，到现在还记忆犹新。

从她提供的房屋照片，看得出来有干净的单人卫浴，最令人着迷的，就是角落用蓝色小瓷砖拼贴出来的可爱厨房。还没预订前，就开始幻想在这间可爱的厨房里，一早起来享用前天买的法国面包，以及沾上蛋汁与砂糖后煎出美味的法式吐司，再加上巴黎早市买的牛奶，与自备的咖啡粉调出微温的欧蕾咖啡，再咬口酥脆的牛角面包，不就像法国电影的女主角般浪漫惬意吗？噢，这些幻想部分成真了。其实真实的巴黎，再怎么说也是人们居住的地方，不全是拍爱情片的现场。对于还没到过巴黎所以还未幻灭的人们，只能对他们说："你电影看得太多了。"

出了戴高乐机场，搭上去往市区的火车，马上就接受了第一场洗礼。一些少年，带着奇形怪状的乐器，在检票口就这么一跃闸门，“免费”进了月台（俗称逃票）。据说很多人来巴黎被抢的第一站，就在进城的火车上。还好我们当天遇到的只是卖艺的小哥们，半强迫地听了几分钟演奏，丢了一点小费保平安后，就开始了两周的大冒险。

巴黎是个历史悠久的都市，同时承袭了许多艺术资产。但住在巴黎的人，可不能随意改建房子，因为此地的房子很多都是文化遗产，要定期维护外观，而且也仅能针对内部装潢或设备进行更新。许多人到访欧洲，若有机会入住一般民宅，就能亲身体会到房子的“历史感”了：老旧龟裂的大门、窄小的楼梯，有些木楼梯已被踩出一个弧度了，能轻易听到隔壁的拌嘴声、电视声或切菜声。住在巴黎，除非花大价钱住进豪宅，否则一般民宅可不一定有电梯，行李再重都要亲自扛上楼去，还要小心不太稳固的楼梯。

房东小姐现身

好不容易到达了预订的房子，房东小姐和她的老公帅气地骑着伟士（Vespa）牌摩托车，前来迎接在石子路上拖着行李箱的我们。房东小姐带我们进房后，我们发现这果然是个可爱的房子，既然有机会住到法国人的家，当然要先给个赞美，让主人开心一下。她客气地介绍这栋公寓的设施，并示范了一次沙发床的打开方法。在许多国家，沙发其实也是床，所以许多房子虽然只标明有一间寝室，但打开沙发床又可再容纳两个人，多收点住宿费，真是个省空间又划算的生意。整间房子租给我们一周，房东太太希望我们尽量保持干净与基本礼仪，不打扰到其他住户即可，因为老旧的房子隔声真的很差。第一次接触的整个过程不到 10 分钟，房东因为要回家照顾婴儿，就马上跟着老公骑着摩托车扬长而去了。

房东走后，我们兴奋地环视房子。果然是巴黎啊，这一栋房子有一大片落地窗、叶片式暖气，窗外还有一个小阳台栽种了小花，最重要的是那个蓝色小瓷砖贴成的可爱厨房，以及摆着小盆栽的餐桌，也是未来这几天的工作桌。一般欧洲家庭的厨房不太使用煤气，大多使用电热炉来烹煮食物，这个厨房的电热炉是四眼炉，做起菜来相当方便。壁橱里还有前一批房客留下来的咖啡粉、通心粉、干掉的法国长棍、吃了一半的国王牌奶油。房东小姐有说明：

巴黎的房子普遍不大，所以客厅及寝室是共用的，
只要把沙发打开来就是今天晚上的睡床。

在巴黎一周的家，还未适应时差的我们在半夜做早餐。

厨房的一些房客没带走的食材、调味料都可以使用。太好了，毕竟巴黎的物价也相当高昂，早餐自己做也能省一点预算，多去参观一些景点。打开行李把生活必需品拿出来放置好，再补个觉后，就要出去闯一闯了。

巴黎市内的房子都很有历史，房门需要一点力气才能关上，正在整修内装的隔壁邻居，请来的工人不停放着充满中东风的音乐，大声地讨论着装修细节，这似乎就是每个国家的日常生活吧。节奏其实跟我们生活在原来的城市没有两样。

把客厅的沙发打开后，就是两人的小床了。

简单的欧式淋浴间，虽然有提供沐浴液跟洗发水，但我还是习惯自带。

立刻惹麻烦

房间有一套还算不错的音响，而且可以直接插上手机播放音乐。音响旁有一排 CD 柜，里面有许多写着法文的唱片。随手拿了一张（房东说欢迎使用）放进 CD 唱盘来听，但不知是因灰尘太多还是运气差，听完想要将唱片退出来时，居然卡住了！此生第一次弄坏别人的音响，而且还是在一个不熟的外国人家里！额头开始冒汗，拼命按退出键，但唱片怎样都吐不出来。稍微冷静想想，可能是音响的老毛病，等它明天心情好点就会吐出来了吧？然而接下来几天忙着观光，压根就忘了这回事。

友善的法国人

这栋公寓位于塞纳河畔，周围并没有太多观光景点，倒是多了点住宅区的宁静。楼下是个小小的杂货店，每天晚上我们会去买隔天早餐的材料。店员是个普通的年轻人，只会一两句法语的我们，主动说了“Bonsoir（晚安）”打了招呼。店员好奇地询问我们从哪里来，并带着笑容，没有丝毫不耐烦的情绪。

法国人对于自己的文化非常自豪，也曾听说许多巴黎人不爱讲英文，甚至对观光客态度不佳。但待在巴黎的这段时间，却处处体会到巴黎人的友善，也遇到许多主动帮忙的人，以英语回答我们的疑问。与其相信一两个人的经验，为何不用更开放的心态，不预设立场，自己来实际体验看看，打破这样的刻板印象呢？有时奢侈一点上馆子吃饭时，隔壁桌的绅士瞧我们看着法文菜单发呆乱念，也很主动地告知那实际上是指气泡矿泉水。地铁售票口的站员，即使巴黎北站有个小丑，用气球做出小狗、花朵造型等，安慰等车等到不耐烦的小朋友们，博取小孩们的天真笑容，这一刻就让人觉得巴黎人既浪漫又有爱。

我们彼此的英语都很蹩脚，却主动卖给我们便宜的学生票，还说亚洲人看起来都很年轻不会被发现。虽然不知道此举好不好，但突如其来的贴心对旅人来说，不仅省了笔小钱，而且这样的经验是珍贵并感激在心的，因为没有人有义务付出善意。

几天下来，发现想在巴黎当一个受欢迎的旅人，首先要学几句简单的法文（例如早安、谢谢、不客气等），再来就是浅浅的微笑。巴黎人几乎每天都会遇到几个想问路的观光客，想不烦躁也难，更没有空闲去给予协助。先用法文打个招呼，给人家一点尊重，虽然可能得到的是更多听不懂的法文，但让人感到舒服是问路的基本礼貌。

再也没露面的房东小姐

在巴黎晃了几天，逐渐熟悉这个城市后，也到了退房的时候。突然想起 CD 唱片还卡在唱盘里，试着打开电源再小心翼翼地按了退出键。果然，乖乖地吐了出来，得救了的感觉真好。

客气地写了封邮件，询问房东小姐是否要检查房子，再让我们退房。毕竟住了一个礼拜，总要尊重一下主人的意见。我们还事先打扫了一下，把垃圾包好安置，擦了厨房与桌子。没想到房东小姐很酷地回了一封信："抱歉我无法过去，我才刚生了小孩要照顾，可以的话你们把门关好，钥匙留在里面即可。而且我有好几个房子要管理，没时间喔。希望你们在巴黎玩得愉快，也别忘记给我一个好评价喔！"原来，房东小姐还在巴黎市内租了好几个套房转租给旅客，还真的是个忙碌的职业房东呢。由于房子大门需要由外上锁，无法把钥匙毕恭毕敬地放在客厅桌上，只好在门外用力把门关好后，把钥匙从门缝塞入，就当作退房完毕，继续拖着行李去往下一站。

名叫 Tracy 的男房东

在比利时与荷兰绕了一圈，再度回到巴黎。由于首次的 Airbnb 经验还不错，就再度租了一个市内的小套房。到了与房东约好的时间，冒出了一个很秀气的男生（一直以为应该是位房东小姐）。没想到他说："我就是 Tracy！"

尴尬笑了一下，问他为何取了一个女性化的名字，他嘟着嘴巴说："不知道，我的父母取的，但我真的叫 Tracy。"接着 Tracy 先生带我们看了一下房间，这次的房间比较便宜，但相对也比较狭窄，打开沙发床后，只剩勉强可以过路与放行李箱的空间。想在狭窄的巴黎有个生活空间，看来也不是那么容易的。但基本上这里还算干净，在巴黎的最后三天也在这里开心度过。最后一天退房时，房东先生依旧很酷地表示只要保持整齐，同时把钥匙留在房内让他找得到即可。怎么法国人都这么随性啊？“这个 Tracy 先生极有可能又是个职业房东”，边拉着行李箱边这样想。

总之，第一次的 Airbnb 经验就献给了法国，感觉还算不错，也爱上了这种住在民宅、上市场与超市采买食材的旅行风格，回来时还可以骄傲地告诉朋友们，我“旅居”过巴黎了！

小心得	法国	城区的房子几乎不能改建，屋内的双人床通常指的是要自己打开的沙发床，不要看到房内没床就吓到呀。还有，学着讲一点法语，法国人也会热情回应。

荷兰

高不可攀的莲蓬头

大家都知道，荷兰是世界上人均身高最高的国家，荷兰男性平均身高约 184 厘米，女性约 171 厘米。对于身材较娇小的亚洲人来说，我简直像《魔戒》电影中显示的一样：“霍比特人”来到了“中土世界”喽。

来到荷兰的前一晚，我们才匆匆地在 Airbnb 上找寻住处。对，前一晚或当天找下一个住处，就是自助旅行客常有的习惯，找到了才决定下一站要去哪儿，不是很天真烂漫（傻）吗？一位 Murray

入住房源资讯 阿姆斯特丹

日　　期：2011 年 2 月
入住人数：两人
房　　型：私人房间（共用卫浴）
花　　费：一日约 54 欧元 / 无清洁费
（备注：Airbnb 服务费 12% 另计，当时无城市税）

先生的房子，就通过搜寻自动跳了出来。一晚 54 欧元，比任何旅馆都来得实惠，不假思索（没有危险意识）就预订了他的房间。Murray 先生在自己房源的叙述中，也清楚地加入了他个人的原则："我通常只租给个人或是超过 30 岁的情侣，而且我不租给没有脸部清晰照片与完整个人档案的人。这虽然不是铁的法则……但这事关你如何介绍自己以及想给人什么印象。**请记得你是在某人的家中被接待，而且我是你唯一需要应对的人。我家并非一间不知名的旅馆连锁店。**"虽然只有简短几句话，但很清楚地传达了他希望跟房客之间保持的关系，以及互相尊重的底线。很好，一切讲清楚的房东总比事后再莫名指责的房东好，于是我就轻易地按下了预订键。

这是 Murray 先生的卧室，他把卧室让给我们后，自己就去睡书房了。

面对高不可攀的莲蓬头，对"霍比特人"来说，单手要触及是件难事。

房东先生的家在阿姆斯特丹市内，从地铁站走 5 分钟就能到达他的公寓。房子位于公寓的五楼（刚好也是顶楼），所以房间的天花板跟地板呈三角形。虽然是阁楼，但漆成蓝色的墙壁、满满一墙的书架，以及可供手机充电与播放音乐的音响、共用的卫浴，是他能提供给旅客的基本设备。把房间让给我们了，那他睡在哪儿呢？原来独居的他，一有旅客上门租房间，就打好铺盖睡到隔壁书房的沙发上了。

搬着沉重的行李箱爬上五楼后，首先迎接我们的是房东热情的招呼，介绍房间的基本设施，以及共用的卫浴设备，并特别交代他很爱干净，希望房客每次使用完浴室后，都要把地漏口的头发捡干净，同时保持地板干爽。

每个人都有自己对生活环境的要求，常人都可以理解，我们也是很爱干净的人啊！但洗澡后要如何保持地板干爽？回到房间后，默默思索这个问题。最后只好每次洗完澡后，使用拖把奋力把积水拖到几乎没残留为止，但每次洗澡还有个难关：莲蓬头挂在一个令人无法置信的高度，这里果然是个巨人的国度……每次洗澡都要奋力把莲蓬头调到最低处，但隔天就发现房东再度调到最高处。住在阿姆斯特丹的这三天，每晚都在玩“你升我降”的游戏。晚上睡觉时，依稀可感受到床单有一股体味与“古龙”香水味。虽然不至于难闻，且床单被套看得出来是新换的，但这还真是百分百的“原味房间”啊。

相敬如宾

书架上满是看不懂的荷兰文书籍，以及陈年的家庭照片，还有他个人的装饰收藏品。每次到了他人房间，最有趣的就是研究这些东西，借此可稍微了解他读书的喜好、家庭成员、要听的音乐。可能是害羞吧，房东先生也只有在我们第一天抵达时，走到房间内亲切问候，第二天起就从隔壁房间隔空传话：“今天开心吗？安妮之家好玩吗？”嗯，也有可能是我们害羞，没有太主动跟他聊天，或者话题没一拍即合，所以从第二天起没有太大互动，挺可惜的。

虽然房东不是个主动热情的人，但最后一天我们搭火车前往阿姆斯特丹郊外，准备欣赏知名的风车水岸时，感受到了荷兰人的热情。隔壁的荷兰人看到我们手上的地图，很主动地告知我们要在哪个站下车。在旅行中遇到亲切的人，真的会让心情大好呢。

后来想想，并不是每个人都喜欢热情互动，虽然房东愿意把房间出租，但不代表他也愿意把平静的生活作息“出卖”。真的聊不起来，那就彼此保持美丽的距离直到退房的最后一刻吧。第四天，房东并没有特别帮忙把行李搬到楼下，握了个手感谢我们入住他家，并祝旅途愉快后就上楼了，结束了相敬如宾的三晚。隔日，火速收到房东先生给的好评价，高度赞赏这三天投宿的两个亚洲女生：“她们非常有礼貌，不仅把我的房间维持得很干净，晚上也不吵，诚心推荐给每位房东。”那时 Airbnb 的评价制度不似今日，不必等到互相撰写完毕才能阅览，只要有一方先写了就可公布。当下我以小人之心臆测，房东先生此举是先发制人，假使房客再不满意他的房子，但伸手不打笑脸人。那时经验尚浅、脸皮又薄的我，当然只能同等回报喽，马上回复并大力赞扬了他的房间，特别适合旅客光临。

小心得	荷兰	荷兰人真的都很高，连商店内的结账柜台也很高。160 厘米以下的人在这里生活会很辛苦，“霍比特人”们请有心理准备。

日本

超“迷你”公寓

因工作原因，我最常使用 Airbnb 租房的国家是日本。除了住在纯日本人家外，也遇到过中国、意大利房东。日式的房屋格局基本上大同小异，但东京的房子大多很小，有些洗手间还没有让人能站稳的空间（刷牙时一脚要跨到浴缸内）。观光地区玩腻了，到日本人的家里住一下是体验当地生活的好机会。

2014 年的夏天，正是东京隅田川花火大会举办的季节。早早报名参加了朋友举办的花火观赏团后，我就要订房了。看到一个日本女孩出租她在自由之丘的房子，出租的时间也刚好跟行程吻合，我就赶紧订了下来。久闻自由之丘是个高级住宅区，是日本人很喜欢的区域，在参加花火大会前希望能好好感受远离东京喧嚣的静谧气氛。

自由之丘位于东京东南边，离市中心稍远，从羽田机场转车到此地需要一小时。一出车站，发现这里果然是个安静的小镇，车站附近聚集了一个日本城镇该有的元素：超市、书店、熟食便当店、

入住房源资讯

东京

案例 1
日　　期：2014 年 7 月
入住人数：一人
房　　型：整套房屋（一房一卫）
花　　费：一日约人民币 280 元／清洁费人民币 150 元（备注：Airbnb 服务费 12% 另计）

咖啡店、中餐馆、面包店、洗衣房等，第一印象非常好，预计接下来的五天应该会过得很愉快。房东 Kana 小姐在网页上特别注明，她平常不会干扰房客的作息，而且能提供许多女孩子喜欢的咖啡店“情报”，感觉住这儿非常超值！从车站走了约 5 分钟，我来到一栋约十层楼的新建筑前，当晚要入住的房子就在二楼。房东在不动产公司上班，所以平常无法接应旅客，那要怎样拿到钥匙呢？我在出发前发了个信息问房东，Kana 小姐表示她会把钥匙放在一楼的邮箱内，手伸进去就能拿到。哇，原来谨慎的日本人可以安心地把钥匙这么重要的东西放在这儿！因为一般日本住宅大楼的邮箱区，几乎都装有密码锁，但 Kana 小姐的邮箱根本没设定，轻轻一扳就打开了。虽然说方便了房客，不知该栋大楼其他住户与警卫会怎么想。尤其日本人对陌生人来访，警戒心很强。还好抵达房子的时间，住户几乎都外出上班了，可见这栋大楼大多住的是上班族。

日本单身公寓常见的格局：1DK，就是一房＋餐厅（Dining Room）＋厨房（Kitchen），亚洲人来住的话也许可以，但就苦了高壮身材的欧美人。

躲 NHK 收费员

这是间约 27 平方米的套房，适合 1 ～ 2 人居住。常造访日本的人都知道，日本的居住空间都不大，而且单身公寓或旅馆内的浴室通常都被设计成套件组，开发商在盖房子时直接把一组浴室装入即可，内部设备不必再分开购买安装。厨房有一个小小的煤气炉，下方有“迷你”冰箱，应该可做点简单的料理。房内铺的是榻榻米，以及一组俗称布团（Futon）的日式床被，睡觉的时候自己挪开桌子，铺好就能睡了。别看是简简单单的温馨小房子，但一切生活所需设备都有，一晚只要 6000 日元（约 400 元人民币），感觉太棒了。但第二天早上 9 点准备出门时，突然有人按了门铃。应铃后传来了不太高兴的声音，原来是 NHK 收费员来了，而且口气还不甚佳，他表示房东已经两个月没缴费了。在日本，只要家中有电视一定能收看 NHK 频道，即使不想看也无法退订，许多人一听到收费员上门，会把所有电灯关掉假装不在家。收费员抱怨归抱怨，但这根本不是我的事啊！急中生智下马上切换成英语模式，表示自己是 Kana 的朋友而已，无法代为处理。收费员一听到英语，似乎也慌了起来，急忙说那改天再来吧！哈，危机暂时解除。

隔天 Kana 小姐用 Airbnb 发了个信息，说若有空会过来聊聊，所以每天晚上回家时，经过超市都会顺手买两罐啤酒等她来。但到了第三个晚上，Kana 小姐还是没出现，家里已经有 4 罐啤酒了。终于在第四晚 Kana 小姐现身了，还特别拿来了更换用的浴巾。Kana 跟照片上一样是个美人，冰箱中的啤酒终于可以拿出来喝了。只要一喝酒，日本人就会稍微放松戒心并打开话匣子，Kana 小姐甚至聊到她的男友，抱怨最近好像到处出差无法陪她，不知是否背着她在花心⋯⋯嗯，跟 Kana 小姐相谈甚欢，一听到我下周要参加花火大会，还马上回家把自己的浴衣拿来相借，真的非常感动。隔天早上，我稍微把房间收拾一下，也把这几天的垃圾打包拿到楼下分类区放置，带着房东好心相借的浴衣，前往下一个住处——森下。

在前往森下的电车上，收到 Kana 小姐的信息，她非常感谢我选择了她的房子，也希望下次有机会再见面吃饭等。看到这样的感谢内容，不常来日本的人会以为对方真心希望保持联系，但发送这种短信是日本人必有的习惯，一般聚会后都会习惯用短信互道感谢。通常当作一种礼貌即可，千万别太认真，除非下次还要再住这里，否则真的去电邀约通常只会得到失落感。此时，只要简单地回谢她的招待，同时表示有机会希望能再见面（遥远的未来吧），这样就完成了一次充满表面功夫的人际交流了。

花火大会结束后，整件浴衣也浸满了汗水。我特地再赶回自由之丘，把浴衣送到车站附近的干洗店清洗，付清干洗费后留了张感谢函给 Kana 小姐，并提醒她记得取回，结束了这次自由之丘之旅。

小心得 日本

住日本人的家，要有心理准备去对付 NHK 收费员，听说他们真的很缠人，若不幸遇到，请假装听不懂或以英文应答，通常可顺利脱身。

臂力大考验

在自由之丘住了五天，该换个环境了。这次挑了一个靠近浅草的分租房间，前往成田机场时也比较方便。几天下来买了不少东西，行李也变重了，而且七月的东京可是正值酷夏，正午快 38 摄

入住房源资讯

东京

案例 2
日　　期：2014 年 7 月
入住人数：两人
房　　型：私人房间（共用卫浴）
花　　费：一日约人民币 266 元/清洁费人民币 193 元（备注：Airbnb 服务费 12% 另计）

氏度的高温可不是开玩笑的。试着跟下一个房东沟通，希望能在上午 11 点抵达后冲进房间吹空调。房东爽快答应后，我们拖着行李到达了看上去有点破旧的公寓，久经风吹日晒的楼梯，以及严重生锈的扶手，好像稍微用点力就会断掉。刚抵达东京前来会合的妹妹，看到这个公寓后脸色马上沉了下来，但既来之则安之，爬吧！

快 20 千克的行李，我和妹妹使尽吃奶的力气才拖上五楼。还好房子内部蛮干净的，但只有一间卧室，想必这就是今晚睡觉的地方了。房东先生匆匆赶回来，连忙道歉说上个房客早上才刚走，没

可怜的妹妹穿着漂亮的长裙，抵达房子时却要活生生扛着硕大的行李箱爬五层楼梯……

上了五楼后看到有点阴暗的走廊，有种不好的预感……但是打开房门后发现房间还不错。

来得及整理，拿起吸尘器就开始打扫。根据以往经验，抵达时有三分之一概率房东正忙着打扫，前后衔接非常紧，房子多闲置一天都觉得是损失吧。虽然这栋公寓外观老旧，但房间装潢简单，干净，还摆了台电子琴，书架上也有很多琴谱，看得出来房东是个爱音乐的人。房东在一家英语培训机构上班，每天都工作到很晚才回家，但教室没课时，有时也一整天不外出。房东不在家的时候，可自由使用他的电视机与厨房，感觉挺不错的。

夏天的东京真的很热。偶尔房东早点回来，就在客厅跟他一起喝冰啤酒看电视，聊聊彼此的故事。出门时，房东也会特别交代外头气温很高，要当心中暑。有时真的热到受不了，想要打开空调时，会想起房东当初寄来的房屋守则，当中有一条："诚如您所知，日本刚遭受了东日本大震灾与福岛核灾，所以日本全国夏季都在节电，希望您能帮助我们，也让我缴电费时不用太伤脑筋。对了，电风扇真的很好用哦！"我边擦汗边苦恼，到底要帮房东节省电费，还是靠电风扇吹出来的热风降温？嗯，我可是有付房租的，不然去住旅馆就好了，何必要这样折磨自己？所以天天夜里都开着空调睡觉，但睡在沙发上的房东，就不知道他是否整夜流汗到天明了。

房东说，一有旅客来他就会睡在沙发上，所以精神变得不太好。有时房东回来晚了，会工作到直接倒头就睡，我还得叫他起来找被子盖，以免他隔天感冒。有天我很疑惑地问他，上一次睡自己的床是什么时候？"两个月前吧"，房东说这个地段房租不便宜，而且他刚离开上一个单位，新工作收入不算高，分租给旅客多少能减轻点压力，所以睡沙发也是没办法的事。由于常有不同国家的人进出，每天下班回来还要面对陌生人，聊得起来靠缘分，无法一拍即合的话还不如晚点回家，省得面对面花心思。其实当一个房东真的不容易，出租自己的房子，与陌生人共享自己的生活空间，多数原因还是希望能减轻点经济压力吧。

最后一天早上，在离开前，我跟房东借了扫把，把房间地板稍做清洁后，就准备离开了。请房东帮忙把行李抬到楼下，简单道别后，果然又在电车上收到他的感谢信息。照例客气地回信给他，同时欢迎他来我的家乡玩。这次跟以往不同，以后我们还真的成了朋友，不仅一起出游了几次，他还真的来我居住的城市玩了五天，算是个难得的经历。

小心得	日本	预订前请详读房源的设施清单。若要爬楼的话，超过五楼以上建议可以放弃。除非对臂力有自信，否则乘坐电梯对旅人真的很重要。

工程师的副业

在东京的生活费之高举世皆知。在两三年前上 Airbnb 搜寻东京的房子，仿佛踏入沙漠般，房源寥寥无几。毕竟日本人不太欢迎陌生人到访，何况是住进来。此时能找到的房子，大多数是想赚外快的外国人或移民的家庭。毕竟物价那么贵，房间空着不如租给旅客，还能贴补家用。住过了不少外国人的家，但第一个不太愉快的经历，就送给了东京。

由于预算不高，所以在东京总是喜欢找分租房间。一间日租约 4500 日元（约 300 元人民币），有着良好采光的房间映入眼帘。

入住房源资讯

东京

案例 3
日　　期：2014 年 5 月
入住人数：一人
房　　型：私人房间（共用卫浴）
花　　费：一日约人民币 258 元／清洁费人民币 166 元（备注：Airbnb 服务费 12% 另计）

就这间吧！试着跟房东联系后得知，原来房东不是日本人，而是一位在东京工作的中国人。异国遇同胞，白天工作完回到住处能有人聊聊天，可稍微排解旅途中的烦闷。而且网上对房东的评价大部分都颇正面，应该是好相处的一家人。

踢到铁板

搭地铁到了房东指示的站，下车后步行约 10 分钟，到达了这栋两层的独栋建筑物。建筑物外观虽然干净，但一爬上二楼的正门，不禁感慨果然是民宅，塞满了大大小小的鞋子与杂物。进到客厅后，看到散乱一地的玩具、画图纸、蜡笔，原来是个有两个小孩的家庭。好吧，美好的憧憬有点幻灭，好在房间内还算是干净，跟网站上的照片差不多。但靠门口处的地上有张奇怪的纸，上面画了一些不明物体。可能是前一个房客的垃圾吧？随手捡起来揉一揉，我一边不以为意地将它扔进垃圾桶，一边想着接下来三天，到底是要硬着头皮提早退房，还是忍耐到底。下楼后，房东念幼儿园的儿子跑过来，与我很有礼貌地用日文打招呼。看来小小年纪，已经跟很多外国人“交过手”了。房东先生说，上一个挪威来的房客天天陪他玩，要离开时这小家伙很舍不得呢。“阿姨，你有看到我画给你的图吗？是礼物哦。”“咦，有这个东西吗？”疑惑了一下，突然想起来该不会是刚扔到垃圾桶的那张纸吧！赶快冲回房间把那张纸挖了出来，勉强看得出来画的是个人，这是孩子的真心呢……但这样一来，我想要提早退房的念头被羞愧心取代，根本说不出口了。

晚上回来，洗澡前跟房东先生聊天。原来他是个工程师，但有两个小孩后，最近开始靠出租楼上的房间补贴点家用。发现这是个好生意后，最近还打算扩大经营，正在寻找其他在新宿的房源。边与房东先生聊天，边从饮水机按出热水，忽然瞥见玻璃杯底有层厚厚的污垢，顿时感觉手中的那杯水也不太想喝了。厨房堆满杂物与奶粉罐，一旁的屏风也被小孩们玩破。毕竟我们是花钱来投宿的，主人似乎没有心帮房客准备个舒适的空间。小孩子们虽然天真可爱，但不整洁的环境，却变成了我每天回家的压力，只有待在房间里是最放松的时候。使用 Airbnb 第四年，这算是第一回踢到铁板，而且内心非常不愉快，还只能隐忍着不爆发。

“你来我往”心理战

好不容易盼到第四天早上，速速收拾好行李，拖着行李箱想赶快跟这里道别，顺便在写评价时，照实评论一番。白天房东先生在上班，只剩房东太太与小女儿在家。简单地谢过他们这几天的照顾，房东太太在门口边挥手，边堆满笑容地说“谢谢你来，记得给我们一个好评价哦”，边用手推推提醒女儿，“赶快叫阿姨记得再来啊！”小女孩也腼腆地挥手说：“阿姨要再来哦！”果然，这招温情攻势很管用，上网准备写评论时，根本下不了手。只好在给房东的悄悄话中，客气地提醒他房间以外的生活空间希望能更干净些。

回想起来，网上对这位房东的评价几乎一面倒的好，原来是有原因的。从内容大面来看，都是在称赞他的热诚接待，很少针对房子本身的优点大书特书。这次得到一个宝贵的经验：**房子本身地点、硬件条件不够好时，房东会更讲究他的待客之道来弥补不足；房客也因为房东热情客气，不忍心当个坏人，只好在评价时努力赞扬房东的待客态度，并不能真实反映出房子好坏。没写在评价内的，就代表有可能是欠缺的。**

小心得 日本

订房有赚有赔，预订前即使详读评价，还是有踩“地雷”的风险。从此以后我看到房东的照片里有跟小孩的合照，就会马上避开。

土耳其

清晨的诵经广播

位处欧亚大陆交界的土耳其，全国大多数人信奉伊斯兰教。打开世界地图可以看到，伊斯坦布尔被博斯普鲁斯海峡一分为二，左岸属于欧洲，拥有许多世界级遗迹，如蓝色清真寺、圣索菲亚大教堂等；右岸则属于亚洲，除了有不少清真寺外，还有许多商业大楼。土耳其是旅游大国，所以一打开 Airbnb 网站，光是伊斯坦

横亘欧亚大陆的博斯普鲁斯海峡，连接着地中海与黑海，许多游船行驶往来。

使用 Airbnb，需要有心理准备要花很长时间找到地点，还要等房东前来，这是常见的状况之一。

布尔可以选择的房子，就洋洋洒洒地跳出近千间，而且不论装潢、风格还是价格，应该是有史以来最令人满意的一个地点了。从欧式风格到充满神秘的中东风格，在伊斯坦布尔可说是应有尽有。

长达两周的旅程中，我们四个女生在土耳其就换了六个住处。第一间选择了位于伊斯坦布尔右岸市中心的一位年轻女律师 Merve 的家。初到伊斯坦布尔已是清晨六点，还来不及欣赏这座城市的风光，一行四人必须先拉着行李，抵着寒风在市中心寻找在伊斯坦布尔的第一个家。

即使上飞机前，已演练好如何前往，但到了异国，没有网络就像失去腿一样，一大早九点多就在街头动弹不得。好不容易靠着离线地图，慢慢走到一处社区，Merve 的家就在其中一栋的最顶楼。跟房东通了电话，她说正走在过来迎接我们的路上。等待房东时，一楼的住户透过窗户一直盯着我们，似乎对这些亚洲脸孔很好奇。

苦等了半小时，刚刚一直盯着我们的一楼住户，很好心地跟我们攀谈，似乎要教我们如何打开一楼大门。土耳其人很奇妙，即使外国人听不懂土耳其语，他们还是会一直认真地讲个不停，似乎外国人能心领神会般。虽然无法沟通，但能感受到他们的热诚与善心，只好一直微笑。这时远处有个微笑的女子朝这边走来，应该就是 Merve 了。这栋建筑没电梯，我们扛着超大行李好不容易爬到五楼，一打开房门看到美丽的装潢，简直忘了刚刚扛行李的痛苦。偌大的客厅、蓝灰墙面交织的配色、原木餐桌、可以跳圆舞曲的大浴室，还有摆在每个小角落的装饰，体现了女孩缜密的心思。书架上各式异国风情的摆设，似乎是 Merve 从许多国家旅行时搜集回来的。

入住房源资讯

伊斯坦布尔

案例 1
日　　期：2014 年 10 月
入住人数：四人
房　　型：整套房屋（一房一厅一卫一厨）
花　　费：一日约人民币 520 元 / 清洁费人民币 239 元（备注：Airbnb 服务费 12% 另计）

在土耳其的家，温馨的装潢处处体现了女孩的细腻巧思。

整洁华丽的浴室，里面还有全套女主人的化妆保养品以及香水，但出于礼貌，我们全部没去使用。

我忍不住说：“这里实在太棒了！为何 Merve 你不住这儿？”Merve 边吸地板、换床单，边悠悠地说：“喔，我住在老家，这原本是我跟前男友的公寓。”呃，我问了一个瞬间让空气凝结的傻问题，难怪她会把这里出租。主卧室贴着手写卡片的告示板，还有隔壁衣物间还收着西装的衣橱，似乎还留着浓情蜜意的痕迹，该不会分手没多久吧。

这样拥有一室一厅、一卫一厨、一个衣物间，快 130 平方米的顶楼大公寓，还有个舒服的小露台可以欣赏夜景，租金是一晚约

曾经甜蜜的双人床，现在变成租给旅客的双人床了。

伊斯坦布尔的“迷你”版“家乐福”。超市与当地菜市场是 Airbnb 旅客最好的朋友，逛超市也能了解当地真实物价与饮食习惯，同时可以一次搬回好几天的食材。

人民币 520 元。再展开客厅的沙发床，睡四个女生刚刚好，平均每个人一晚只要人民币 130 元左右，对于预算不多的我们来说帮助很大。土耳其人的平均年收入约 12 000 美元，所以利用 Airbnb 经营民宿赚外快的人非常多。也许竞争压力大，这种位于观光区域的豪华民宅，价格居然如此亲民，简直是其他国家青年旅舍的起步价。唯一的缺点是太靠近清真寺，感觉每天都有一个定时闹钟。为什么靠近清真寺对一些人来说是缺点呢？穆斯林一天有朝拜麦加五次的习惯，所以一早五点多清真寺的塔楼就开始诵经广播。若是浅眠的人，最好还是住在离清真寺至少 1000 米外的区域，以保证睡眠品质。Merve 家的厨房设备很齐全，而且社区楼下就有“家乐福”超市，每天回家还可顺便采买明天的早餐食材，在家里的大餐桌上舒服地享用早餐。

伊斯坦布尔是国际大都市，在这里想要吃任何料理都没问题。土耳其菜与中国菜、法国菜齐名，在全世界美食中名列前茅，使用了大量蔬菜与羊肉烹饪（没有猪肉），价格不贵又合亚洲人的口味。唯一的缺点是稍微有些油腻，但当地人饭后都会来一杯热茶或土耳其咖啡解腻。四个亚洲脸孔走在路上，热情的土耳其人会主动打招呼。无法想象的是，虽然土耳其民风保守，但单身女子时而会受到

几乎所有的街上，都会有卖土耳其烤肉（Kebab）的餐厅，便宜且美味。

知名的土耳其冰淇淋，若在观光区买，不用害怕老板会跟你一直玩“拿不到”的游戏，因为他光是卖都来不及了。

知名的土耳其咖啡，直接在杯中倒入咖啡粉后加入热水，然后再喝沉淀后的液体即可。虽然很小杯，但不需担心跟意式浓缩咖啡一样苦口，加入糖后还会有可可的口感。

当地男性的肢体骚扰，可谓防不胜防。合照、带路，各式各样黏过来的理由，令人啼笑皆非，甚至还会遇到小混混跟踪、喷辣椒水等攻击，奉劝女性前往时最好不要落单，否则每天花在弹走“苍蝇”的时间会很多，会浪费掉许多参观景点的机会。

最后一天晚上，由于第二天早上的班机在六点，请房东帮忙叫了两辆出租车，再简单把浴室与厨房打扫一遍，天还没亮就离开了这间可爱的房子。在异国遇到一个贴心的房东，比在跳蚤市场挖到宝还开心，这也是 Airbnb 经验里很棒的回忆。接下来再回到伊斯坦布尔，已经是将近两周后的事了。Merve 的失恋小公寓，后来怎么样了？最近登录后发现，原来我们是最后一批房客，Merve 再也没有租给别人，不知是否又变成爱的小窝了。

小心得 土耳其

租到一间又美又不贵的房子，是旅程最棒的起点。除了靠运气还是靠运气，不然就是多积累点经验挖出好房子。

会掉灰的洞穴屋

位于土耳其东南安纳托利亚高原上的卡帕多奇亚（Cappadocia），拥有举世闻名的喀斯特地形。经过大自然不经意的塑形，再加上罗马帝国时期当地许多石灰岩地形都被凿出避难

入住房源资讯

卡帕多奇亚

案例 2

日　　期：2014 年 10 月

入住人数：四人

房　　型：整套房屋（一房一厅一卫）

花　　费：一日约人民币 672 元 / 无清洁费

（备注：Airbnb 服务费 12% 另计）

卡帕多奇亚拥有仿佛电影场景般浑然天成的奇异地形。

卡帕多奇亚的洞穴屋，一窟就是一个房间。打开洞穴屋房门后还有个小客厅，铺着知名的土耳其地毯。

用的洞穴，形成了许多洞穴社区，蔚为壮观。高原中的交通据点——格莱梅（Goreme），就有许多以洞穴为宣传口号的旅馆与民宿。为了过一把住洞穴的瘾，出国前已经在 Airbnb 上预订好一间民宿。入夜后高原地区很冷，请机场接送大巴直接送我们到旅馆门口下车，赶在太阳下山前到达了这间洞穴屋。

许多家庭经营的民宿，应该也发现了 Airbnb 的集客能力，纷纷在上面打起了广告，严格来说这家是商业民宿而非民宅。刚过旺季的卡帕多奇亚，旅客渐渐减少，老板除了在旅馆网站登广告外，连 Airbnb 也用上了。抽着烟的老板，虽然出来迎接我们，但表情不太愉悦，可能今天没客满吧。当地土壤贫瘠，只能靠观光业维生，许多人贷款经营旅馆与热气球公司，竞争非常激烈。柜台小哥领着我们进房间，半圆顶洞穴屋门口还铺着传统地毯，房内放着四张单人床，简单但“五脏俱全”，连浴室也在洞穴内呢！一入夜，寒气从墙壁透了进来，幸好洞穴屋内配备了暖气。**洞穴屋另外一个“特色”，就是会掉灰。**尤其是入夜后气温骤降，热胀冷缩的作用让岩石松动，躺在床上就能看到天花板一直有小碎石落下，虽不至于有

即使是淡季，清晨五点在卡帕多奇亚升空的热气球就有近百颗，可见其有多受欢迎，游客来了必搭乘。

大约一小时的热气球升空之旅，平安回来后可获赠平安归来证书一张，以及庆祝香槟一杯。

危险，但还是要清理个不停。刚开始还觉得新鲜，10 分钟后便开始觉得恼人，生怕第二天早上需要有人把我从沙堆中救出来。

四个人的洞穴屋，一个晚上约 647 元人民币附带早餐，其实不算太贵。但靠住宿根本没赚头，民宿老板觊觎的，是卖给旅客高利润的旅游行程。卡帕多奇亚是全世界最适合搭热气球的地区，高原地形不仅气流平稳，在高空上俯瞰多变的地形，也是必不可少的行程。但进入了天冷的淡季，而且当地热气球公司多到数不清，早就变成了买方市场。在完成预订后，老板就马上寄信来推销各种眼花缭乱的行程，如热气球、徒步健身、泛舟、吉普车、旋转舞、品酒、遗世村庄之旅等。当地搭一次热气球要 100 ~ 250 欧元，价格起伏非常大，利润也必然相当可观，当地旅馆、民宿无不竭力推销，生怕上门的“肥羊”不玩一遭就走，损失可就大了。

根据以往的血泪经验，第一天到景点先走马观花，要打听清楚真正值得参加的行程，千万不能太兴奋而花钱买罪受，反正景点又跑不掉。一旦钱先付了，民宿老板还可能爱理不理，于是打算最后一晚再决定。果然，柜台小哥每天堆满微笑，无微不至，每天一早都特别帮我们煎蛋，似乎老板还在盯着他是否做成生意，就这样度过了愉快的三天。最后一晚，可怜的小哥似乎被老板逼急了，于是鼓起勇气开口问“是否想搭热气球”。基于这三天愉悦的心情，四个女生就把首次的热气球之旅交给他安排了，应该也让他松了一口气。退房时，老板终于面露微笑，帮忙安排了机场接送大巴，生平第一次洞穴屋之旅圆满结束，但下次应该会去住普通旅馆了吧。

小心得	土耳其	洞穴屋住过一次就好，毕竟通风本来就不能要求太高。半夜开了暖气又闷又不舒服，有幽闭恐惧症的人还是选一般旅馆吧。

重返伊斯坦布尔

离开伊斯坦布尔，再返回已经是将近两周后了，回程下榻的房子位于伊斯坦布尔的重要交通据点——塔克辛（Taksim）。越接近回程，越要住在不需转乘就能直达机场的地方。预订房子前，阅览房东的自我介绍对我来说是一种乐趣。这个“型男”房东曾到德国留学，英语、德语似乎非常流利。到了约定好的时间，有位老先生在楼下等着我们。原来“型男”房东不只出租一栋房子，把我们交给了他老爸后，就忙着去接应其他旅客了。同样也很有型的爸爸不会讲英语，带着我们上楼进房后，只用比手画脚的方式简单介绍房内设备，同时交代入内要换拖鞋，然后就帅气地离开了，看来父子

入住房源资讯

伊斯坦布尔

案例 3
日　　期：2014 年 10 月
入住人数：四人
房　　型：整套房屋（两室两厅一卫）
花　　费：一日约人民币 839 元 / 无清洁费
（备注：Airbnb 服务费 12% 另计）

坐落在闹区巷内的仿佛宫廷般华丽的房子，宽敞又舒服。

已把 Airbnb 当成“家族事业”经营了吧。

这栋房子内装简洁、典雅，高挑客厅里有个半圆形窗台，加上赭红色的华丽古典沙发，实在是太迷人了。98 个高评价，而且房间还保持干净新颖的状态，证明这个选择没错。干湿分离的欧式卫浴，还有德制滚筒洗烘衣机，刚好把累积的脏衣服一次洗干净。不只洗衣机，连电视机、冰箱都是德国制的，可见房东留学德国后，对生活水准的要求很高。到土耳其人的家中，一定能看到的就是蓝色的“邪恶之眼”，土耳其人认为：由“嫉妒”而生的邪眼，会产生诅咒，随后带来厄运、疾病和死亡。因此，佩戴一个在身上来对抗与吸收“邪恶之眼”所带来的魔力，一旦吸取过饱，它就会破裂，厄运也随之解除，发挥避邪的效果，此时就要将“蓝眼”丢掉，换上一个新的“蓝眼”，继续防小人嫉妒，永保平安，原来“蓝眼睛”是一次性使用的护身符啊。两个卧房分别有一张双人床、上下铺，再加上客厅沙发床，几乎可以容纳六个人。重点是，一个晚上只要约 862 元人民币，只能为伊斯坦布尔喝彩了。

位于交通据点的好处，就是生活功能便利，而且餐厅林立。在土耳其的最后三天，大家选择分开行动，各自前往自己喜欢的博物馆、购物点等，让彼此在行程中不留下遗憾。退房当天，房东本来交代要把垃圾丢到楼下，但我们实在没有把垃圾丢在路边的勇气，只好打好包并确认没有异味，置于厨房同时留个字条请他帮忙。幸好房东没有抱怨，隔天还收到他给的良好评价，完成了这次开心的土耳其之旅。

小心得	土耳其	到土耳其旅游，一定要多多利用 Airbnb，性价比如此高的地方没有第二个国家。省下来的钱，跟同伴们还能好好吃一顿。

冰与火的国度

许多电影都曾在冰岛取景，包括《白日梦想家》《挪亚方舟》《普罗米修斯》《星际穿越》《贝奥武夫》《蝙蝠侠》与 HBO 电视剧《冰与火之歌》等，凡是有关天崩地裂、绝处逢生、极地探险等情节，几乎都会前往冰岛取景，早就为冰岛免费做了观光宣传。再加上近年来漫威漫画中的“雷神托尔”大大出名，托尔与洛基原本就是北欧神话故事中的人物，让许多漫画迷涌入冰岛想一探这个神秘的国度。但冰岛离中国非常远，光是转机时间就要花上 15 个

冰岛著名的旅游景点——金圈，里面有壮观的古尔佛斯瀑布（Gullfoss Waterfall）。

雷克雅未克最热闹的街头，来自附近欧洲国家的观光客挤满街头，完全没有萧条的迹象。

小时。人均年收入近 5 万美元的冰岛，再加上近年多部电影为其宣传，即使是普通旅馆，一晚要价也不菲。也许很多人会问，冰岛不是在 2008 年因为金融海啸而破产了吗？怎么还那么贵呢？

英国《经济学人》杂志每年公布的巨无霸指数（Big Mac index）显示，2007 年冰岛的麦当劳是全球第一贵。但第二年就发生了金融海啸，导致国家破产，冰岛克朗大幅贬值。可能很多人觉得现在的冰岛应该没那么高不可攀，物价有松动了吧。一次金融海啸戳破泡沫，让建筑在金融游戏上的财富瞬间消失，之前许多英国人为了高存款利率跨海而来，但冰岛破产时却求助无门。虽然冰岛是欧洲第一个在金融危机中倒下的国家，但位处极地的冰岛人个性坚韧淡定，面对危机时没有被击倒，处之泰然的他们不仅变得更团结，不再尊崇金融人士，也渐渐回复到古老的平等社会，对于各种职业都抱着谦卑尊敬的心态。依旧维持超高生活水准的冰岛，物价可不会低到哪儿去。所以别误以为他们过着拮据的生活，除了人们舞照跳、歌照唱外，近年观光客涌入人数还逐年增长 30%，而且大多数游客来自富裕国家如德、法、英、美等，消费力相对较高，所以与观光有关的消费都还是居高不下。

雷克雅未克港边著名的鱼骨船，这里也是维京人发现冰岛时第一个上岸的地方。它出自冰岛雕塑家之手，专为庆祝建城 200 年而建。

期待又怕受伤害

经过半年的规划，我与三个旅伴开始了冰岛的旅途。这辈子从来没机会遇上冰岛人的我们，当然是要住进冰岛人家里好好交流一下。很久以前就耳闻冰岛的物价高昂，住 Airbnb 也许还能有些

六月的冰岛正处于极昼，即使半夜两点到达房子，天却依旧明亮。

便宜的选择。当我搜寻到 Margrét 的家时，马上就被充满北欧极简风的房子给吸引住了。光是那优雅又古典的餐厅，就仿佛像法式餐厅一样的迷人。但 Margrét 的房子没有任何评价，这表示可能还没有人住过，或是上一个人并没有给出评价。就这样轻易决定四个人两晚的住处，实在有点太鲁莽。不过若没有第一个人愿意给机会，怎么知道她不会是个好房东呢？基于闯荡多年的经验，对于挑房子已磨炼出了一点点直觉，于是我先私信了房东询问能出租的日期是否符合我们的计划。等了一天半，Margrét 除了只简洁地回了一句“OK”外，没有其他多余的回应。不愧是冷冽的极地国度，连电子邮件都这样简约。夹杂点冒险与疑虑，我勇敢地发出了两个晚上的预订，这行动可能是鲁莽的。

山坡上的玫瑰

谨让我这样来形容这栋房子，因为这是我用 Airbnb 以来租到的质感最好的房子。从中国出发到泰国曼谷临停再到荷兰转机总共花了 15 个小时，在已经快失去意识的状态下抵达了全世界最北面的首都——雷克雅未克。由于事前告知房东需要半夜十二点才飞抵，以为需要麻烦她在半夜时等我们敲门，结果 Margrét 回复说

入住房源资讯

雷克雅未克

案例 1
日　　期：2015 年 6 月
入住人数：四人
房　　型：整套房屋（两层楼，三室两厅两卫）
花　　费：一日约人民币 1396 元 / 清洁费约人民币 478 元（备注：Airbnb 服务费 14.3% 另计）

Margrét 家优雅的餐厅，墙上挂满她与家人的照片，沉稳的深色调令人心静。

充满巧思的角落，配上太阳的完美打光，美得像首诗。（照片提供：友人东东）

她与家人这段时间正在外出旅行，所以钥匙自取后进屋就可以了。咦？这样不就见不到房东了？原来她是趁着全家外出旅游，毫无戒心地把自己的家交给了我这个远道而来的陌生人。

每次想顺利找到房子位置都是个艰难的任务，在冰岛也不例外。半夜十二点飞机降落在雷克雅未克，从机场搭大巴到市区花了快一小时，再加上我在半路上又不小心把背包落在接送大巴上，疲惫至极又要狂奔至车站取回。四个人拖着累垮的身体，爬上山坡找寻那栋我们要住两天的房子。来回折腾后抵达 Margrét 的家，已经是半夜两点多了。

紧接着让“主办人”的我屏息以待的，就是房屋内的陈设了。由于全程都是我自行决定，甚至第一晚就租了栋没有评价的房子，马上来到“开奖”时刻，到底是“中大奖”还是“踩地雷”？依据

雪国常见的三角形屋顶，二楼是屋主的起居室与浴室。夏季的冰岛，即使是半夜，太阳仍然不忍下山。（照片提供：友人东东）

Margrét 的指示，顺利地在大门邮箱旁找到了放钥匙的密码盒子，但要如何打开它，是“开奖”前的一道小关卡。有些国家的人喜欢把钥匙放在这种坚固的密码盒内，备用钥匙就不用藏在地毯或窗台了。每到此刻，仿佛打开藏宝箱般，总是要伤脑筋很久。手忙脚乱破解后，终于可以打开大门了！结果，出现在设计杂志与电影中的洋溢极简风又不失温暖的房子呈现在眼前，现代感的宽敞厨房，以及避免积雪设计成斜顶、摆放着复古式暖炉的二楼起居室，让我们一进屋就不停地拍照（观光客必备行为），虽然屋内没有太多繁复的家饰，但就是能让人感受到屋主 Margrét 自身的艺术气息。

能在这样宛若艺术品的房子里待两天，是我们来到冰岛的第一个惊喜。不只如此，Margrét 即使在旅途中仍热情地发信息，问我们是否需要雷克雅未克的旅游“情报”，虽然我只是随意地请她提供餐

屋主家的宽阔厨房，除了厨具一应俱全外，拉开抽屉就能看到齐全的调味料，想来她一定是位爱做菜的女主人（或专业厨师？）。

厅建议，她立刻列了一大堆名单给我，甚至还标明哪些热门餐厅需要预订，哪里有正式法餐、早午餐、印度料理、外带餐厅，还有哪里能吃到地道的冰岛海鲜，等等，一扫之前我们对她只有冷淡回应的印象。甚至第三天早上离开后，Margrét 还来信说若在其他地方找不到住处，她也可以帮忙。起初我觉得，是否因为我是第一个房客，所以她这么亲切呢？但这样的想法似乎是多虑了。初见冰岛人的第一个感受，就像此地气候般冷艳无情，但日后环岛时接触当地人越多，越觉得他们虽然表面无情但实际热心又友好，好客且善良。原来，冰岛人不是孤冷的冰山，餐厅里、商店中、街道上，只要开口寻求协助，我们都能收到如 Margrét 给出的温暖问候。有了好的开始，接下来驾车环游冰岛要住的 Airbnb 就更令我们期待了。

小心得 冰岛

虽说第一次入住无评价的房子，但每个旅伴都满意极了。干净、典雅，直接感受北欧人住宅的极简风，虽然贵了点，但非常值得，而且比住冰岛的旅馆便宜！

小镇的过往荣光

"Herring"是鲱鱼的意思，在整个西方饮食文化中占有极重要的地位，也是世界上数量最多的鱼类之一。荷兰在 17 世纪时能成为重要的经济中心，归功于夏季洄游到荷兰北部海域被捕获的上千万吨鲱鱼。鲱鱼不仅能食用还可出口，顺便带动其他如钢铁、造船等产业。身为渔业大国的冰岛，鲱鱼的加工厂分布于全国海岸，尤其以冰岛北方居多，出口鲱鱼罐头至今仍然是冰岛的经济命脉之一。但据说在 1969 年，鲱鱼一度因过度滥捕而消失，导致许多家庭失去主要的收入来源。冰岛花了近 27 年时间复育生息，才让鲱鱼数量回稳，在锡格吕菲厄泽（Siglufjörður）这个以渔业为主轴的北方知名小镇，每年都会举办鲱鱼祭典，而且这个小镇拥有四家知名的博物馆，原本鲜少人关注的冰岛北方因此又热闹起来。

既然以鲱鱼为生，小镇上的居民也大多从事渔业相关工作。这次预订入住两晚的鲱鱼客栈（The Herring Guesthouse），其实是使用 Airbnb 打广告的小型民宿，但极高的评价令人难以放弃，所以就把在冰岛北部的两晚给了它。þórir kr þórisson 先生与太太两人，三年前把隔两条街外的房子买下装潢，再把自家二楼改建成客厅，

入住房源资讯	冰岛北部	案例 2 日　　期：2015 年 6 月 入住人数：四人 房　　型：整套房屋（两房两厅一卫） 花　　费：一日约人民币 1319 元 / 无清洁费 （备注：Airbnb 服务费 14.3% 另计）

锡格吕菲厄泽小镇几乎所有观光客都会造访的鲱鱼年代博物馆，越靠近它就越能闻到鲱鱼罐头的气味。

也同时是房客用早餐的地方。透过房间窗台上许多别致的铁件小摆饰，可看出屋主极欲让房客了解锡格吕菲厄泽以往的光荣历史。

冰岛的天气是无法预测的，也许一个风雨交加的夜晚后，隔天老天就赏你一个万里无云的大晴天。但到鲱鱼客栈时，不巧是个细雨绵绵的大冷天，我们翻山越岭，开车越过好多个辽阔峡湾与隧道，才风尘仆仆地抵达这栋可爱的小屋子。我们迫不及待冲到一楼屋内，但不巧里面有几个外国人在煮饭，这层似乎是他们租下的楼层。闯错门后按下门外的对讲机，þórir kr þórisson 先生随即应答说两分钟内过来，我们才知道原来刚跑进人家已经整租的房子了，霎时觉得有点不好意思。房东很快骑着电动脚踏车抵达，原来他住在山丘上的隔壁街而已，寒冷的风雨中只穿件短袖加羽绒背心，真不愧是耐寒的冰岛人呀！

打开大门，这次是个两间双人房加上两厅一厨一卫的公寓。简单干净的格局，依旧维持着北欧的极简风格。电视机柜旁摆着丰富的旅游资讯，凡是冰岛北部盛行的赏鲸、滑雪、钓鱼、峡湾游船，或者想搭船出海到离岛，欣赏上百万只冰岛国鸟海鹦（Puffin）窜动的壮观景色等种种资讯都收集在这里了。虽然游客前来冰岛环岛游的风气盛行，但毕竟没有太多旅客有长假，可开车或搭机抵达这个北部小镇，所以旅游业者与民宿之间相当团结，互相分享能打广告的机会，转介游客还能赚取些费用。镇上虽然有超市可采买早餐食材借此省钱，但我很好奇冰岛民宿早餐会怎样吃。于是请房东安排了隔天的早餐，而一问价钱，一人约 1800 克朗（约 117 元人民币），果然是惊人的北欧价格。但既然出来玩了，也不需要一路省

可爱的冰岛住宅——鲱鱼客栈。冰岛的客栈在门口都会竖立一面万国旗，以表示这里是客栈。

在夏天的冰岛，睡觉时要记得把遮阳的窗户拉下，否则虽然天气寒冷，睡觉也是会晒伤的喔。（照片提供：友人东东）

到底，展现自己抠门的本事。

现在若使用 Airbnb，住到一般客栈或旅馆的概率其实非常高，但我觉得不必排斥。截至目前，一般民宅的主人不在家的概率约为三分之一，虽然拥有绝对的自由，但有时想找人提供旅游资讯却很不容易，而旅馆则一定有人在。房东建议我们趁着难得的晴天去赏

房东家二楼，被改造为房客享用早餐的空间，窗外景色仿佛一张风景明信片般优美。（照片提供：友人东东）

房东第二日一早帮忙印出冰岛全国的天气，放在用餐的桌上给我们参考，非常贴心。

鲸，而且距城镇的车程只有 30 分钟，随即，立刻帮我们打电话预约外，还花了点时间陪我们聊聊开车环游至今的心得，也建议我们有些活动下次有机会再来参加即可。我发现冰岛的生意人很能把握冷静与热情之间的界线，总能保持在刚好的距离，不令人尴尬也不过度介入，但就是能做成生意。不像有些观光地区的小贩那样缠人，必须板起脸来拒绝还会让你难堪。

若有机会来到冰岛，我建议大家一定要住住当地人的家。不只是为了省钱，还能跳脱旅馆柜台制式接待的死板，去体会与亚洲全然不同的慢生活形态与美感，把生活经验带回去，那才是旅行途中可带回的最好回忆。

小心得	冰岛	超过四人的旅行，家庭式的格局住起来会比住旅馆舒服，而且在冰岛这样消费高昂的地区，自行烹煮食物是自助客必备的省钱技巧。

第四章

找间好房

快速登录

善用社交网络账号

好了，现在开始跃跃欲试了吧？使用 Airbnb 前，还是建议先弄清楚旅行的目的，以及一些该准备好的沟通技巧，这样才能有个愉快的入住体验。其实旅馆有旅馆的优势，而 Airbnb 有自身的便利性，交错使用也是不错的。

除了直接用电脑上网站外，现在也有手机的 APP 可供使用。而且预订成功后，在前往房子的路途中，手机扮演了不可或缺的角色。可以没有电脑，但没有手机与畅通网络，使用 Airbnb 的便利度会降低一半，手机可是你顺利到达的关键。

由于几乎人人都有社交网络账号，嫌麻烦的人可直接用微信账号或新浪微博账号登录，真的需要订房时再补足相关个人资料即可。如果你从来没使用过，我也推荐直接用社交网络账号登录，因为有几个好处：

1. **“房客”**可邀请社交网络上的好友为自己写“推荐语”，增强房东对你的信任感。

2. **“房东”**可邀请社交网络上的好友为自己写“推荐语”，增加房客入住率。

3. 社交网络上可与好友分享订房动态，或分享想要入住房子的“心愿清单”，以供好友参考。

4. 社交网络上可发出使用邀请，若朋友通过邀请而出租或租房，能得到一笔回馈金，以便在自己下一次预订时可使用。

Airbnb 中文网站（https://zh.airbnb.com）。

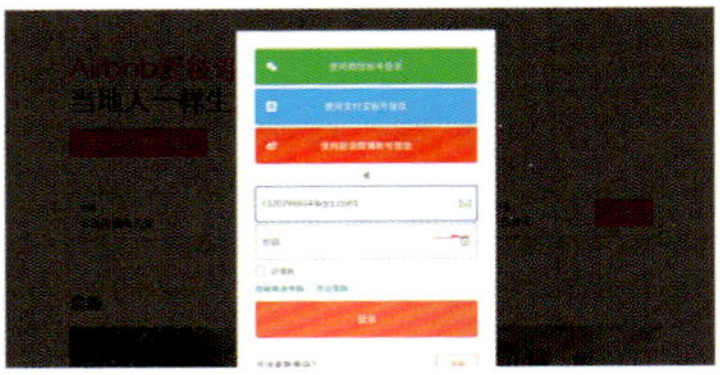

网页版登录画面。

APP 的 LOGO。

手机版使用画面。

房型介绍

这次旅行适合用 Airbnb 吗？

你这趟旅程，是单人自助、团体旅行，还是商务旅行呢？想住到一般的民宅，势必不会有旅馆那般贴心的服务。一人旅行无所谓，若还有其他旅伴或家人同行，这就牵涉到他人观感与习惯，会产生很大差异。

单人自助，一个人很自由，不需顾及其他人的意见，万事好解决。只要找到干净、安全、交通便利的房子即可。若要求更高点，也可随你的经济程度去寻找更舒适的旅馆。

团体旅行，有了旅伴，甚至是家庭出游，此时就需要考虑每个人能接受的程度，毕竟不是每个人都热爱冒险。同行的人中若有小孩或长辈，也要考虑到房子设施、交通便利度等，最好考虑再三或先行沟通。但其实一般民宅都有其便利的一面，例如可提供冰箱、厨房、餐桌、舒适沙发等，想要帮小孩冲奶粉，或是吃不惯异国食物，也能在房内自行料理，住起来就跟在家里一样舒适，强力推荐给家庭旅游者使用。

商务旅行，短期出差或多点巡回，就不太建议使用 Airbnb。毕竟密集的旅程再加上工作，肯定很辛苦。此时推荐使用有口碑的商务旅馆，而且旅馆才能提供发票申请差旅费，一般屋主肯定很难提供，除非你的公司能接受自行从 Airbnb 打印的收据。但许多大城市的旅馆房间数不足，让 Airbnb 看到商务住宿的绝大商机，正在推出全新的商务差旅管理服务。如果你是个需要短期跨国工作、异地协同作业的人，未来 Airbnb 将推出顺应全球异地工作形态的租房服务。相信许多想降低差旅费的人群如创业者、艺术创作者们，都会悄悄利用 Airbnb 在异地找到住处且完成工作了。

各种房型

先审视这次旅游适不适合使用 Airbnb，再来挑选入住的房型吧。

	整套房屋	私人房间	共用房间
使用范围	直言就是“包栋”，拥有整套房子设备的使用权。例如单身公寓、独栋别墅等房型	拥有自己的房间，但需要与屋主或他人分享一些共用空间的房源。例如普通公寓、大楼公寓、社区内的房子	需要与其他人共用一个房间，或者房间本身可能就是共用空间的房源。例如日本的胶囊旅馆、青年旅舍多人房中的床位等
优点	· 空间独立，不需与人共用 · 机动性高 · 隐私性高 · 较宁静	· 有机会接触他国旅客或原有房客、住户等，能进行交流 · 虽然设备共用，但在自己房内仍保有部分隐私 · 可自炊或与其他房客共同料理，节省伙食费	· 能接触他国旅客或原有房客、住户等，能进行交流
缺点	· 无互动性 · 价格较高	· 可能有噪声 · 需配合所有人并轮流使用设备 · 私有空间较小	· 需忍受噪声 · 需配合所有人并轮流使用设备 · 可能要自备寝具 · 私有空间很小
价格	最高	居中	低廉

备注：价格感受可能因为个人观感而有所不同。

小知识	包早餐	既然名字中有两个“b”，怎么可以不包早餐？所以 Airbnb 开始试推房东提供早餐的服务。虽然仍在实验阶段，有兴趣的人可以预约一下，试试房东的手艺。

发出预订

多久前预订？

这个问题其实很难回答，因为牵涉到许多因素。首先从旅游目的地的住房供应量来看，若很明显是个大城市，经营 Airbnb 的人多，而且随时有新的竞争者加入经营行列，**最迟两三周前甚至一周内还是能找到条件不错的房子**。此外，随时有人因故取消预订，就随时有重新“释出”的房源，找到房子不是件难事。但要注意的一点是，若你是要前往参加音乐会、演唱会、体育赛事或大型集会，而且不想离场地太远，那我劝你还是提前两三个月订为好，毕竟同一时间有一大票人在竞争有限的房源，你的机会可说是大大减少。

若你要去的目的地，很明显就是人迹罕至、旅客比居民还多的地方，那可能要在半年前就开始寻找住处，以免落到要带睡袋露宿机场或车站的窘境。

找好目标

在此分享我找房子的步骤，通常适用于居住三天以上。为什么呢？住得久才需要花精力仔细研究房源，若只住个一两天就不用打扰那么多房东了吧，直接私信一两个喜欢的，有良好回应就直接预订了。除非是领着一群人去，那得要好好花时间研究不可，以免一时不察住到烂房子，回来时名声就臭了。

我的步骤：

1. 先决定好旅游路线、停留日期、同住人数，再决定适合的地点。

2. 输入条件后（日期、人数、价格、地区等），将 5 ~ 10 间比较喜欢的房源加入心愿清单 （Wish List）。

3. 逐一审视房源设备、居住条件、房东回应的比例及速度。

4. 选择两三间后先私信，大概 24 小时内就会有回应。

5. 选择感觉不错且正面回复的，正式发出预订。

6. 对于要放弃的房源，也别忘记写信回复并答谢。

步骤 1：首先打开手机应用程序。输入欲前往的城市后，将喜欢的房子先加入清单（可自建）。

步骤 2：等选好后，进入清单仔细确认“更多节选条件”，慎选几个，然后联系房东。

注意！如果是当天临时找房，请务必勾选“即时预订”，不需房东接受就可直接预订好。若有价格偏好，也要务必先指定，以及检查是否具备必要设施（例如网络、洗衣机或暖气等）。

步骤 3：最重要！当房东有正面回复后，在确认页面时，请先拉下来看清楚所有费用，确认无误后再支付。“保证金”不会预扣，除非退房后房内有设备损坏，房东事后才可要求赔偿这笔金额。

出发前的沟通

这是关系到旅程开不开心的重要环节。主动一点的或专业的房东，在收到并确认预订后，就会马上私信你如何抵达，如何取得钥匙，毕竟房东也想早一点趁你在还有网络的环境下通知你。有些房东还会制作地图、房屋指南，甚至更认真点的，还会拍摄从地铁站到房源的照片，贴在视频网站上让你一目了然。毕竟一到国外，人生地不熟又要扛着一堆行李，万一迷路又加上没网络、临时联络不上房东……当下的一股气肯定直冲脑门了。

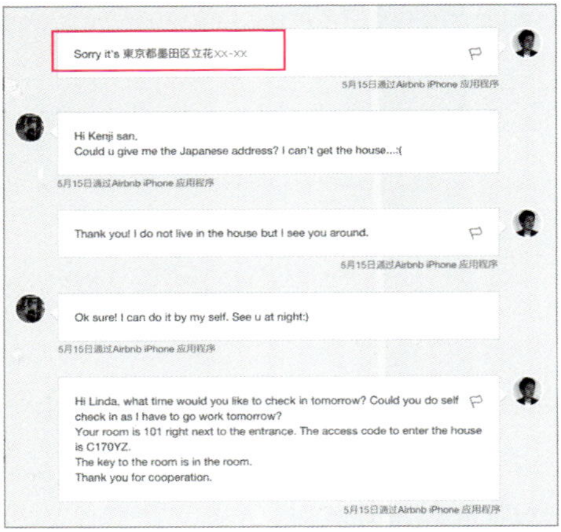

出发前三天，房东通常都会自动告知如何取得钥匙或大门密码，但英译后的地址有时会定位错误，所以再跟房东要一下原文地址比较妥当。

不开放的时间

有时候翻出清单内的房源，想要入住期待已久的房子，但按下房源的预订键时却整片都是灰色的，代表这段时间不出租或是停止出租了。别太伤心，有时候是房东本身的原因，或是他已经搬家了，但有些人就是不撤广告，要给房客作为过往出租的参考纪录。很讨厌吧？直接私信问房东某段时间能不能出租，说不定就能为你开放喔。

若只是该房源的可出租时间，与你想入住的时间前后只差一两天，有可能是当日刚好有人退房，房东需要花时间打扫而已。若房东愿意让你入住，你也不介意当天房东仍在屋内清洁，也可以私信问一下可能性。我有几次找到了地理位置与规格都很棒的房子，只差一天就能符合我的时程，最后是跟房东协议好先让他打扫，我下午出去逛街，晚上回来房子就已打扫干净了。

打开后看到整片灰色，是不是很伤心？若真的很中意这间房子，不要气馁，只要私信问一下也许有住进去的机会。

房费解密

基本上不论预订的住宿是两天后，还是两个月后，Airbnb 都会将你已经支付的房费在你入住 24 小时后再发放给房东。但你知道付款的内容到底有哪些吗？**据说很多房客跟房东的争议，就是从房**

客收到预订费用清单时开始的。

但住过旅馆的人都知道，预订时费用组成很简单，只有房费或加床费（其他细项不予讨论）。房客看到真正的预订费用时，会看到 Airbnb 服务费与清洁费，往往会疑惑这两条是什么。其实这两笔是常住旅馆的人不曾看过的，但想使用 Airbnb 的话，除了有些房东没要求房客付清洁费外，服务费可是一定要付的，连取消订房时都无法退回的喔！别说不合理，因为取消旅馆预订时，有些旅馆的订金也是不予退回的。

找房攻略

私藏秘诀

随着房源越来越多，搜寻大城市的房源，只要不是太临近出发日期的话，铁定会跳出一箩筐的选择。如何在这么多房源中挑出理想的？大海捞针真的很累，若你是个没耐心的人，推荐以下两种方法。

“偷”好友的清单

经常迷失在众多选择中？不妨“偷看”一下朋友搜集好的清单吧。Airbnb 有个功能就是“Wish List”，可以自订主题来搜集喜爱的房子。虽然不一定要去住，但搜集的过程就是种乐趣。你也能用社交网络账号登录后，跟好友共享这份清单，或是去看看社交网络上朋友们又新增了哪些房子，偷偷猜测一下他们下一次旅游目的地是哪里。不仅节省许多时间，**下次见面时，还可猜猜他是否要出国玩了**。

登录后请在账号下点选“Wish List”，就会出现“热门”“朋友”“Airbnb 精选”“我的 Wish List”等选项，赶快点进去“偷”他们的主意吧！

加入 Airbnb 粉丝团

近来 Airbnb 也邀请许多名人与艺术家公开他们的心愿清单，且不定时公布在自家的社交网络页面上。除了可欣赏他们独特的品位外，也充满了挖掘乐趣。偶尔也试着用其他人的观点，来欣赏不同房子的美，或者加入自己的清单。可以加入 Airbnb 在新浪微博经营的粉丝团，输入“Airbnb”即可找到，有兴趣的人不妨作为参考。

小知识 常浏览的心愿清单分享

· 猫之部屋
“Cherry 的清单” ► http://bit.ly/AIRBNB 猫之部屋

· 大城市之旅
“Vanessa 的清单” ► http://bit.ly/ 伦敦出发
► http://bit.ly/ 巴黎特辑 _wishlist

避开「地雷」大作战

如何避开“地雷”

快乐的旅途，总是会遇到一点扫兴的事。尤其身处异乡还不开心，就会成为忘不了的惨痛回忆。虽然沿途解决问题是自助旅游的乐趣之一，但为了能顺利按照计划走完景点，有些“地雷”还是不要去踩吧。尤其 Airbnb 这个遍布全球的“大旅社”，服务与设施没有一个既定标准，只能靠事前的一点功夫来辨认这间房子的好坏，赶快记在心里吧。

先私信房东！

光通过电脑屏幕，根本无法去了解对方的人品，即使照片上的房东有着灿烂的微笑。不管怎样，还没下订单前我的习惯就是先跟对方搭上线，试聊一下。**私信有几个目的，就是了解房东的几个点:应对效率、基本人品，同时建立互信、了解房况。**

首先可以了解房东的回信速度，那可能关系到入住后对任何问题的应对速度，既然出来做生意，总不能对房客爱理不理吧。通常一日内有回复的，都算非常积极的房东；两日的话，可能是时差问题，你的白天可是人家的黑夜；超过三日的，除非装潢真的美到令人爱不释手，不住进去不罢休，否则基本上是可以放弃了，毕竟时间宝贵，赶快去找下一个吧。另外，有许多人是在预订完成后，想要跟房东联系入住细节时，才发现这个即使有好评价的房东也对人爱理不理，这时就有点晚了，不管怎样都要先私信。

私信时，可先稍微简单自我介绍一下，并称赞一下对方的房子，同时表达对房子的喜爱程度，彼此搭建起信心。并不需要带着崇敬的心，用太过矫情的文字，如“若有荣幸住到你的房子，我会觉得很感动”这样的吹捧就不必了。**有良心的房东，也会主动告知目前房子的状况，让房客能先有个心理准备。**良好的互动，不仅可以建立互信，日后在沟通上也不会产生问题。还有一个好处，就是可稍微了解一下房东的语言程度，心里也能有个准备。

另外一定要避开回复率低的房东，高回复率代表着房东即时回复的速度。若房东的回复率低于 95%，回复时间多于 4 ~ 5 小时，我就会赶快去找下一个住处了，万一发生事情需要房东协助，这样的回应速度是帮不上忙的。

Hey Linda,
I really would like to host you but I have to tell you that I have only 1 real bed for two of you and the other two girls have to sleep in the coach in the living room (it's also suitable for two people) If it's ok for you I can accept your request.
Best,
Merve

2014-08-12通过Airbnb iPhone 应用程序

查询关于 Cosy Apartment in the Center
2014年10月04日 - 2014年10月07日 · 4位房客

Hi Merve,
We're four girls from Taiwan, and we all love traveling and making new friends. I promise that we'll respect your lovely house in three days. Looking forward staying in your cute house. :)

Best,
Linda

2014-08-12

选好喜欢的房子，先跟房东打个招呼吧。好的房东是很开心并耐心地回答问题的，并告知居住条件，看房客能不能接受，这会是相当诚实的房东。

房东虽然已先说明没电梯，要有搬重物的心理准备，但看到这么破旧的栏杆和生锈的楼梯，爬的时候还是挺心酸的。

最棒≠最适合

就像找伴侣一样，帅哥 / 美女真的适合你吗？可能要相处一段时间后才知道，房子也一样。美轮美奂的装潢，有时让人住起来压力颇大的，万一不小心打破昂贵的花瓶、弄坏高级音响，可能就赔惨了。再漂亮的单人小套房，也是塞不下一个小家庭的，因为空间就真的只适合住一个人。

“最适合”的定义，简单来说就是住得舒适、便利、干净，睡得安心。当初我为了体验洞穴屋而租来住，其实从第二天开始就想搬出去了，因为一般的旅馆与民宅住起来还是比较便利，诚心建议大家还是以实用性来考量，不要给自己找麻烦。若找到了一栋美轮美奂的房子，但房东在房源说明上就设下了一大串使用礼仪与规则，将自家当成博物馆一样，在你抵达时再耳提面命地要你不准碰这个、不准碰那个，你每天光是在屋内移动就紧张死了，生怕哪个不小心就要赔上一笔钱，会给自己带来一堆心理压力。

不能说的秘密

Airbnb 深知要提高交易量，漂亮到不真实的照片是必需的，所以 Airbnb 在许多国家免费提供为房源拍照的服务。不要以为世上有那么多摄影技巧高超的房东，家里每个角落都那么梦幻，背后其实是有 Airbnb 在“撑腰”的。照片不优的房源，系统会自动将排序后延。基于扩大生意的原则，房东们通常只会把最好的照片放上来，有些事情避而不谈，这是人的天性。究竟房东想避谈些什么？

首先想隐藏的是周边环境不佳

凭我的经验，凡是有不友善的邻居室友、邻近墓园、没有电梯、有恼人的噪声、漏水、有异味、有蟑螂或老鼠等，都是实际到了房子里才知道的事。**唯一能事先洞察的方法，只能依赖过往房客给的评价了。**但如果明明上一个房客已经在评价里告诉你，这个房间面向马路，晚上睡觉时需要忍受噪音，你却还是硬要租下来住，就别再一天到晚地放在心上，毕竟是你自己选的，别说其他房客没先暗示哦。

其次想隐藏的是非法出租

很多房东租下房子，立即变身二房东转租给旅客，却未经过屋主或社区管委会的同意。若房东当天没现身，你在进房时还被大楼警卫挡下，那可真的是欲哭无泪。尤其现在很多专业房东一人兼营好几间房子，每天奔波清扫，根本没时间搭理单一房客。可能的话，尽量找房东能亲自接应的房子，省得连人带行李要被迫流落街头，更惨的是若语言不通，还可能招来警察盘问或被骗子纠缠。

若还在初步洽谈，房东就摆明要你假装是来投宿的亲友，帮忙应付邻居或管理单位的话，那很明显他不是个二房东，只是私下经营民宿但想逃避盘查。虽然违法的是房东个人，房客并无协助犯罪的意图，但你这个陌生人侵入严格管理的住宅，要有被闲言闲语中伤甚至被指控的准备。不想当个倒霉鬼（除非真的很喜欢这个房子），还不如去找个合法旅馆，心安理得地安顿自己，没事不要卷入房东跟他的社区之间的纠纷。另外，若发现社区公布栏上有禁止或不欢迎房东经营 Airbnb 的公告，进出时就要低调点，毕竟陌生脸孔很容易被提防，甚至招来白眼或怒骂。

再次想隐藏的是实际面积狭小

使用了专业镜头，再加上特别视角拍出来的房子，总是显得宽敞又明亮，但实际却狭窄得连放行李箱的空间都没有。而且房东只要跟 Airbnb 提出需求，他们就会派出免费摄影师来为房子拍张美照，借此提高点击率与成交率。**有些房东为了增加入住人数，还会用床把房间塞满**，所以别以为入住人数多少等同于房子的大小，那只代表能睡这么多人，但每个人分配到的空间却很小。例如明明只有两间卧房，却标示能睡 10 个人，除非有实际标出占地空间者（例如标有“$20m^2$”），不然以窄小人稠的地区来看，这些房子可能塞满了床。有疑虑的话，直接私信问房东吧。

看似完美的背后

不想老实做生意的房东，我住过十几次房子就遇到过好几个。既然有了教训，就一定要检讨下次怎么才能避免被骗，总结我自己最容易被骗的理由，就是“一面倒的好评价”“风景照多过房源照”“房东亲子照”。

评价一面倒的好

你以为大家都说好，就没风险吗？其实这种情况背后的风险最高了。尤其房客一面倒地称赞房东有多亲切、多乐于帮助人，但对房子的感受只字不提，就有可能代表房东拼命地用他的待客之道来弥补硬件的不足。一般人若接受了无微不至的待遇，通常也不好意思批评他的房子吧。这种房东的“贿赂”你若吞下了，就助长了房东不改善硬件条件的惰性。反正大家只想当好人，不想当开第一枪的坏人。真的不怎么好，直写无妨，还可顺便造福下一个房客，让他趋吉避凶。

风景照多过房源照

排除房东摄影技术不佳，以及急欲想让房客知道附近有什么迷人景点这两个原因，房源的介绍中若风景照比房子本身多，那就一定有问题。漂亮的风景照谁都会拍，但作为重点的房子却没什么介绍，甚至只放一两张角落照，那铁定要避开。最好除了有房子的一张远景照外，各种细节照得越清楚越好。

房东亲子照

为什么这种房子有风险呢？这种照片对于没什么经验的人来说，通常会心生好感，“哇！这真是个好爸爸 / 好妈妈，孩子真可爱！”**放了亲子照的房东，最大目的当然就是要博取房客的好感。**当然，没有放亲子照的房东不代表他就没小孩。但对我来说，看到房东亲子照只会在心里警铃大作，即使住得再不愉快，你看到他还

某个朋友在东京住的房子，一打开窗户就是一大片墓园，但房东却只字不提。朋友第二天就急忙退房去住饭店了，剩一晚的钱就奉送给了房东。

有孩子要养，房子再差也不忍心写出实话。虽然这样的想法有点邪恶，但有了两次惨痛经历，绝对不想再有第三次。所以对我来说，亲子照是绝对要避开的目标，虽然不是绝对标准，但请当成一个参考放在心里，反正选择那么多，你何必非它不可呢？（请参考第三章第 65 页）

零评价的房子可靠吗？

答案是不一定。毕竟万丈高楼也是从平地拔起的，有上百个好评价的房子也是从第一个评价累积起来的。但你若是第一次使用，建议还是找个至少有十次评价的房子，累积对 Airbnb 的初始信心。随着次数增多，就可凭经验跟直觉去发掘第一次刚上场的好房子，不要错过这些好货。再说，有上百个评价的房东，代表在 Airbnb

在冰岛首次挑战了零评价的房子，不只房子装潢与设备没话说，连房东也是个亲切的大好人，完全不干涉我们入住时的一切。

风行的这五六年内，能累积这样的成绩，极有可能就是个专业房东，拥有的不只有一个房源。从某种标准来看，他基本就是个民宿经营者了。

此外，**没有评价，不代表没人住过。根据统计只有七八成的房客会留下评价**，或者在房东接受你的预订时，前面几组房客还来不及留下评价（可评价期限为退房 14 天内），所以暂时没有任何记录可参考。

若是第一次用 Airbnb，又真的很喜欢某个房子，但房东没有任何评价可以参考，或者说明房子信息很贫乏，实在看不太出来居住条件怎么样，请想象一下：房东可能刚“出道”，关于怎样推销或帮助房客了解房子条件的基本功很差，各种房客的询问就成了帮助他成长的经验。你不一定要去住，先把他的房子加入清单，问几个问题不用花太多时间，也当作是累积互动经验。但还是建议你去住有评价的房子，以免踩到“地雷”，花钱又伤心。在累积几次实战经验后，再来挑战零评价的房子也不迟。

安全到达

找对路

下了飞机，拖着沉重的行李，第一件事就是马上找到房子把行李卸下来，然后再出去玩。偏偏这第一关最是折磨人。根据我一个经营 Airbnb 的朋友表示，很多不必要的纠纷就是这时发生的，因为一来房东可能忙着工作，回应速度不够快；二来房客没有网络可用，找房子就跟大海捞针一样困难，**两方会有很长一段失联时间**，而且通常只要房客一迷路又找不到房东，时间拖得越久，火气会越大。通过自救来避免浪费时间，才不会让接下来的旅途太紧迫，同时拥有愉快的心情非常重要。

没网络也不怕的离线地图

试想若你是房东，一定觉得房子明明就在这里，房客怎么会找不到呢？只有哪天角色互换，不设身处地为人着想的房东才会明白，从陌生国度要千里迢迢地抵达一栋民宅有多困难，因为**民宅可不像旅馆本身就是个路标**，在地铁就有标示、墙上挂有醒目的招牌，甚至从机场一出境就有人接应。做 Airbnb 的房东可不想大肆宣扬，招来查税人员或邻居的侧目啊！（有的朋友真的做了招牌挂起来，相关政府部门工作人员果然第二天就上门了。）所以 Airbnb 最严重的缺点之一，就是地点不好找，但有一招实战技巧可以解决这个问题。

离线地图是自助旅游的好帮手。因为若没提前申请手机漫游，或者去网络不发达的区域，想要平安抵达房源是很困难的。我推荐先下载离线地图 APP 到手机里，同时等房东给了详细地址后，先试着使用 Google Maps 搜寻正确位置，再找出最近的一个地标，输入离线地图找出来后标记好，或者拍下屏幕快照，届时若搜寻不到网络，此时就可以拿出来比对使用了。

可请房东提供的资讯

有几个房东能提供的资讯，记得要事先确认好。房东能亲自前来车站接应是最好不过的，若不能前来，可请他提供地址原文、一楼外观照、钥匙摆放位置。

地址原文

已有了英文地址为何还需要原文？若前往的并非英语系国家，Airbnb 上列出来的可能是拼音，而拼音方式有很多种，搜寻出来的结果也大不同。最保险的方式就是**请房东提供原文，搜寻出来的结果正确性最高，而且还可用 Google Maps 街景服务稍微看一下四周环境**。有一次我曾经因为没有原文地址，只使用了拼音地址，结

在国外人生地不熟，要正确找到房子是对体力与耐性的极大考验。

果在房子周围一千米内找了四五个小时，最后是紧急请还在上班的房东给了原文地址才解围，但天气太炎热，累到坐在公园休息了两三个小时，宝贵的时间就这样白白浪费了，全身汗水淋淋，一个下午的预订行程全泡汤，非常不值得。要是还拖着朋友一帮人，心理压力有多大，可自行想象。

给的一楼照至少要能看出门长什么样子，若有隔壁的风景就更好了。这个房东超认真，不仅拍出全貌与邻近模样，还用箭头标出了位置。

这是实际发生的一个预订 Airbnb 的例子：

预订成功后，Airbnb 网页上显示的地址为：“Tachibana 5chome 3-20, Sumida-ku, 东京 1310043, 日本。”但实际输入 Google Maps 却是毫无结果的。但若跟房东要了日文地址，输入：“东京都墨田区立花 5-3-20”，结果马上就定位好了。

一楼外观照

记得请房东给一张照片作为参考，而且最好照出隔壁建筑物或明显标志，以方便辨认。有些贴心的房东会在房源照片里就已提供了，那就不需要再麻烦他了。但大部分的房东可能要躲避邻居的侧目，不一定会放在房源说明中，所以最好请他提供一下。若是住宅大楼，可以请他提供房源大门、楼层、门铃位置照及门铃上的姓氏，虽然有点啰唆，但至少能避免按错房门的尴尬。

钥匙摆放位置

若房东不能前来，搭机前三天就要问清楚。Airbnb 不像旅馆那样随时有人在柜台接应，房东可能出去旅行、正在上班、打扫其他房子，有些人会希望你自行入住（概率有三分之一）。大部分房东会把钥匙放在邮箱或上锁的密码盒中，一些比较先进的住宅，甚至没有实体钥匙而是需自行输入密码，必须事先问好（下文有详细说明）。

小心 iPhone 的缺陷

使用 iPhone 的人要当心了，若在 iPhone 上直接打开 Airbnb 给的地图，一定会直接连接到 Apple 的地图程序，然后十次有八次不会定位到正确位置，如此就可能变成大灾难——迷路，更尴尬的是敲错门。也许 Apple 自家的地图功能尚在提升，但经常找错地址又不提供如 Google Maps 的转乘服务，相信没几个人会喜欢使用，但若使用 iPhone 的话，铁定会优先打开自家的地图程序。建议仅供参考外，最好跟房东要一下地址，并重新用 Google Maps 搜索后再拍张屏幕快照存档以防万一。若是使用 Android 或其他系统，就不需要担心这个问题了。

Apple 地图

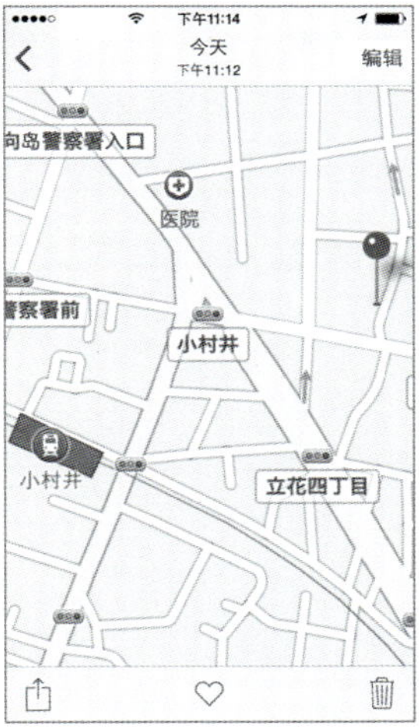

以上一页提到的日本地址为例，在 iPhone 中打开 Airbnb 给的地图后，其实跟正确的位置差了一条街，打转很久又浪费了时间。

Google Maps

跟房东要到原文地址，再用 Google Maps 搜索一次，终于有了正确位置。

取得钥匙

尚未使用过 Airbnb 的人，看到这个标题一定觉得：不过就是把钥匙，有那么难找吗？是的，就是那么难找，请别太有自信，这可是最容易卡关的地方。若房东无法前来交付钥匙，最常见的就是把钥匙放在邮箱自取，如果到了日本、德国、北欧等地区，房东可能会要你从一种密码盒中取出钥匙，为何有这种东西呢？

其实很多房东是不会现身的，他们喜欢把钥匙放在密码盒，而且他们平常自己也在使用，省得忘记把备用钥匙放在哪儿了。通常这种密码盒很坚固，又固定在墙上，大多会设在门边。如果房东说钥匙放在“Locker”或“Key box”，同时会给你一组密码，那就表示是这种密码盒了。接下来的场景是这样：**你必须在短时间内想办法打开密码盒，找到输入密码的机关后取得钥匙**。听起来好像是电子游戏在冲关，但实际情况真的就是如此。已经花了大把时间才抵达房子，就希望赶快进去把行李丢下，吹个空调休息一下，但越慌张就越难打开房门。此时请别紧张，如果你没看过密码盒，接下来就简单说明一下如何开启。

小知识

密码盒原本的用途

密码盒原本是用于一些仓库备用钥匙的安放，或设有保安系统的民宅，在家中发生意外或屋内突然有人疾病发作，以便保安或消防人员无法入内时可临时取得钥匙。

步骤 1：仔细看！密码盒通常都设在门边或隐秘处，赶快找到它。

步骤 2：打开盖子后会有密码轮，转到房东给的四位号码。

步骤 3：按下旁边的卡榫并试着把上盖往下打开。

步骤 4：成功拿到钥匙！

此外，日本是一个比较麻烦的地方，对于住宅安全的限制很严格。若你租到了大楼内的房子，通常大门可自由开启，再抵达邮箱区时就需要邮箱密码，打开邮箱后才能取得钥匙，因为接下来还有第二道内门，需要这把钥匙才能开启。有些更严格的，就必须由房东带你上楼，甚至还得装成朋友来访。

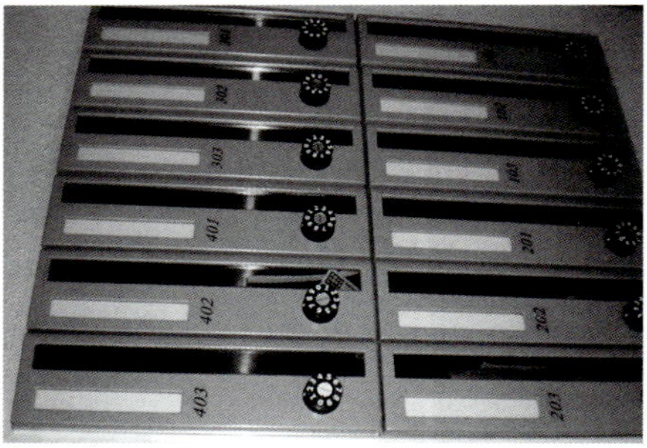

“集合**ポスト**”，也就是一般大楼常见的邮箱区，日本有些邮箱需要 2 ~ 3 位密码才能打开。

请注意！有时门禁严一点的大楼连内门也需要密码，房东应该会告知或者亲自带你上楼。

安全大检查

虽然说天灾人祸无法避免，但确保**自助旅行时的安全是自己的责任**，即使再喜欢一栋房子，租下前也请一定要先检查房源设备，是否有蜂鸣器、无线对讲机两种最基本的配备。虽然很多人使用 Airbnb 是为了省钱，但自己的安全请不要忽视。一些先进国家的住宅内，火灾蜂鸣器是基本配备（日本甚至还要求建材也要防火）。抵达房子后，也要仔细记下安全梯与向外的逃生路线，有所准备。

另外，单身女子最好避免单独入住单身男子屋内的私人或共用房间，即使觉得自己再坚强独立，也不要让自己陷入险境。另外，请把住宿的地址与资料留一份给家人或亲友，请养成这样的好习惯。我通常在出门前，会把班机、住宿、预订活动明细等资料，全部整合成一份文件后寄给父母以及同行旅伴，以备不时之需。

有麻烦了！

我的经验谈

租下了理想中的家，终于要出发了。但路途上难免状况连连，想要一路直达目的地，还真的需要一点经验跟运气。以下是我经历过的状况，有些是由于个人疏忽，有些是由于房东没站在房客立场设想。不管怎样，能不要发生是最好，若不幸遇上了，不要手足无措，赶快想办法解决吧。

私信被挡？

这大概是因为你想私下跟房东交易，规避 Airbnb 的手续费吧。第一章有提过，还没预订成功前，房客无法通过私信来跟房东进行私下交易。**在私信时贴上的所有网站链接、电子信箱、手机号码等，通通都会被网站挡下。**此时还是别使小聪明，用暗号或其他手法取得私下联系。为什么呢？别以为所有房东都吃这套，大部分的人只想好好做生意，不想惹了麻烦还无处申诉。

所以，若你试图在私信里提供网站链接、电子信箱、手机号码的话，送出去后通通都会变成下面这样：

(e-mail hidden)

(cellphone number hidden)

(weblink hidden)

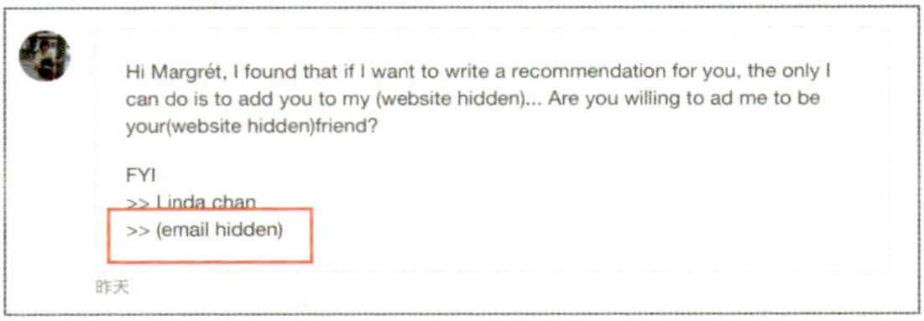

一旦在私信时想贴上网址，就会变成这样。

房东人呢?

既然叫作 Airbnb，就代表有 B&B（Bed and Breakfast）的功能吗？那可不一定。很多人觉得 Airbnb 房东的责任，会包括笑脸盈盈地在家门口迎接你，同时亲切地告诉你房间设备的使用方式，当个称职的免费导游，准备好丰盛的早餐，同时帮你抬行李上车，笑脸目送你离开……但我真的想告诉你，你可能想得太多了。因为有很大的概率是大部分房东不是不在家，就是根本不会出现，为什么呢？

Airbnb 的基本功能，是把家中剩余空间出租盈利，让房东“卖空间做生意”是最大的目的。当然有些房东是本着想跟世界交流、交朋友为目的的，但为数真的不多。而且大部分的房东还有正职工作，无法在你抵达时离开工作岗位。若想把房东当成你远房亲戚或朋友使用，期待他能花时间陪你出游或用餐，那一定会尝到苦果。若有房客在评价时大书特书表示这位房东真的太优质，还花时间当地陪、吃遍当地餐厅，而后来的房客若没有享受到相同的待遇，一定会有吃亏的感觉吧？写评价时就参他几本。若你自己是房东，一定觉得好心没好报吧？得到教训的房东，多半会跟房客互动后，再决定是否当个热心助人的房东。

使用 Airbnb 时，请把遇到冷淡又没现身的房东当成常态，把遇到热情又乐于助人的房东当成一种幸运。**毕竟对房东而言，你上门是笔生意，没有义务当你的免费导游**。需要专业旅游协助，请去找旅行社、聘请当地导游或自行安排，而且这本来就是你出国前该做好的功课，不要空等房东主动协助，或者事后埋怨房东没有帮忙。

除此之外，许多专业房东一人要身兼许多房源的管理，若要一个个接送房客，他就要支出交通费与时间，到最后可能连钱都没赚到，或者陪伴家人的时间都没了。所以就别太苛求房东，当个自立自强的房客吧。我的经验中，就有三分之一的概率是不会遇到房东的。

有时候也可能这样，现身来接应的不是房东，而可能是房东的家人、友人、邻居或者员工。事业做得很大的房东分身乏术的时候，就会派出“分身”来接应。当然，有责任感的房东会在房客抵达前先说明，让房客能安心。最好保存房东本人的电话，且在此时打个电话给他，确认眼前这个人没有问题，以免遇到骗子。

临时被取消预订

这大概是最惨的意外了，身处异乡时晚上居然没地方睡，发生在出国前也就算了，到了当地才被告知无法入住，那可真是欲哭无泪。有些是房东自身的问题，如一屋多订、前个房客未退房、房子有状况等。

一屋多订

为了提高房子出租的周转率，很多房东不只把房源刊登在Airbnb，还可能会**一次刊登在两三个网站上增加曝光率**，甚至他本身就是旅馆或民宿，Airbnb 只是他曝光做广告的一个渠道。万一没管理好，就会出现同时租给好几个人的意外，这已经不是扫兴，根本就是房东不负责任的管理问题，害得房客要流落街头。

前位房客未退房

若前一个房客想延长退房，房东不答应就死赖着不走，总不能带着下一个新房客闯进去吧？或者前一个房客想晚点走，出了更多钱买下后面几日，而房东心动了就不管你了。这个到底要怪房东呢，还是怪不想退房的房客？当然是房东的责任啰，因为他没跟前一个房客沟通好。

房子有状况

如房子漏水、发生火灾、设备损害、前一个房客恶意破坏、突然有亲友入住等，这可能不是房东愿意发生的。也听说过前一个房客在家大办 Party，让房东很不爽而自行取消后面的预订。虽然这都跟你没关系，但遇上了还真的令人不开心。

若真的遇到以上惨剧，人都在国外了，此时慌张无用，而且请不要期待房东有良心会主动帮忙。若房东爱理不理，要赶快在当地找个当日可入住的房子，或是到警察局与旅客中心请求协助，当作是锻炼自己自立自强的机会，然后别忘记跟 Airbnb 投诉这个房东。（请参考第 130 页：退订与纠纷）

房东的奇怪要求

一种米养百种人，除了严格又奇怪的用房规则可略过不谈外，有些房东的要求并不会写在房源说明上，甚至可能是在你预订房子后才冒出来的新规则。特别是在住宅大楼与社区的房子，发生这种事的概率较大，若是独栋房子，房东爱怎样就怎样，没有邻居来干涉（偶有例外）。

例如房东背着管委会偷偷地经营 Airbnb，所以出入房子必须要由他带领；或者要求你若遇到了邻居盘问，就要你假装是他的远房亲戚、朋友，只是短暂来借住。有耐心的人还好，若觉得自己像小偷般偷偷摸摸地进出社区，感受应该是不太舒服的，没住几天应该就想逃了。若不想这么累，请挑一间独栋的房子吧。

我遇到过信奉伊斯兰教的人，希望我使用厨具时不要煮猪肉，或者不要使用猪油烹调等。也有房东要我用完浴室，就要用拖把把浴室地板拖到全干，将排水口的头发完全清干净。只要在能配合的范围内，基本上不会有太大问题，但若超出了合理范围，例如想要单独约会、给你打工的机会、帮他照顾小孩、签收快递、上银行汇款、保管有价财产等，只要觉得有一丁点儿不妥，就不要答应他。

损坏房屋、器具

例如拖行行李时把墙角撞出洞、看不懂电器操作的说明而发生故障、打破杯子之类的，**发生的当下请赶快跟房东联系，请他评估修缮费用。**但也有可能是年久失修，只是你比较倒霉刚好坏在你的手上，还是在当时或退房前据实以报吧，说不定房东很好心，不需要你赔偿的。

Airbnb 帮房东设了一个保证金制度，这笔钱能帮助房东免遭房客住宿期间对房子发生的损害，最常见的如造成地毯或沙发上的污渍、打破窗户玻璃或忘了还钥匙等。房东接受你的预订后，系统并不会先预刷这笔费用（类似旅馆的预授权）。除非房东提出索赔，否则不用担心会先被刷取保证金预授权 。但如果房东在你退房后，发现任何损害，他是可在退房后 48 小时内索赔保证金的。即使你人已经返回自己的国家，只要房东有设定保证金，依旧能追到天涯海角向你索赔。

还有最常见的，就是忘记把钥匙还给房东。不爱计较的房东也许有多把备用钥匙，但很多房东会要求你支付一笔不小的费用，因为他可能需要为大门、房门重新换一副新的锁，以确保日后的安全，不想破费的话，就请在退房时，一定要归还钥匙。

另外有一种不安好心的房东，明明家电或器具坏了，或已经到了使用寿命的临界点，也不更换或修理。等它终于坏在你手上了，会在你退房后扣保证金作为赔偿，同时在评价上参你一本。进入房子内请赶快先巡视一遍，有问题的话第一时间联络房东处理。若根本没有碰过的东西，却被房东反映说弄坏了或不见了，那就只好像租车前先拍照自留存证一样，屋内名贵的东西都拍照“纪念”一下吧，以防有个万一。其实大部分的房东心地都是善良的，若怕遇到这种状况，只能先小人后君子喽。

意外访客

既然你住的是民宅，那生活中会上门按铃的人还真不少，

Airbnb 的房子也一样，会遇到这些访客很正常。比如收费员、修缮工人、推销员、快递员等，我都遇到过。但听到铃声后可别急着帮他们开门，处理这些是房东的责任。第一时间先告知自己只是个房客，无法代为处理，也可请他们过几日再来，再转告房东请他处理，房客并不需要帮他承担这些责任。

我遇过最缠人的，就是日本 NHK 的收费员。某天早上睡得正酣，被按铃吵醒后才知道是 NHK 收费员。早就听闻他们的收费员不是好惹的。在日本只要家里有电视，不管有没有看 NHK 都要付收视费，所以大家都很讨厌他们的收费员，因为很多人根本不看，还有人专门发明看不到 NHK 的电视机。而且这位收费员还没搞清楚我不是房东本人，就口气很差地表示："你已经有两三个月没缴钱了，在家的时候总该缴清了吧？"此时急中生智，赶快用英文表示我听不懂日文，让英语不大好的收费员突然语塞，对方只好说："那明后天再来催收，请务必准备好钱！"总算让他走人了。

最麻烦的是相关政府部门的人上门。有些法令严格的城市会上门访查，借此刺探屋主是否偷偷在经营 Airbnb，因为在该城市这也许是明显的逃漏税行为。若房东希望跟你达成协议，要你假装只是朋友借宿来欺骗公务人员的话，最好先考虑好当中的利害关系。最不幸的就是遇上真正的房东了，若租给你房子的其实是二房东，当真房东发现二房东转租的盈利惊人，可能会演变成不小的灾难，处在这难堪的当下，还真的不知道怎么办。一来已经明显影响旅游的心情，二来也不知道真正的房东会采取什么行动，建议当即赶快找个旅馆搬走，同时要求跟二房东退订，若不退钱就跟 Airbnb 申诉他。（请参考第 130 页：退订与纠纷）

延长预订与中途退订

睡过头、飞机早飞走了、计划改变，或太爱这个房子了，有时候计划赶不上变化，必须多留一两天。若想延长租期，请尽早询问房东，不要等到要退房的那一刻再与房东沟通，以确保让他有时间可以准备或应变。可别没有事先询问房东，赖到想走的时候才走，万一下一个房客登门可就糗大了。

另外比较尴尬的是**中途退订，请务必有无法退费的心理准备**，即使是由于迫不得已的原因（如遇紧急事故），不按照原定计划住满租期。要求退费其实会造成对方的损失，即使房东愿意私下退款给你，但 Airbnb 该跟你收的服务费可是不会少收的。（请参考第 130 页：退订与纠纷）。

旅伴的抱怨

也许你是个能接受新事物的人，但同行的旅伴可不一定是。即使在共享经济发达的年代，还是有不少人第一次听到 Airbnb 这个词。身为旅行的统筹者，想租 Airbnb 前请先做好协调，取得大多数人的同意后再预订吧。毕竟民宅并非旅馆，没有半夜的柜台服务，没有一早就准备好的热腾腾的早餐，没有每天早上清洁房间的打扫员，没有机场接送大巴，没有服务员帮你搬运行李的服务。

要知道**在旅行的时候，同伴间的感情其实很脆弱**，想必很多人都有同样的感觉。可别以为大家都是好朋友，平常相处起来都没问题啊！很多人不选择当下撕破脸，都是忍耐到回国才开始拒绝往来。就因为好不容易才取得休假，若不能玩个尽兴可是很容易受

“内伤”的。可别要求大家在自助旅游时陪你一起冒险，风险太大了。预订前，请先跟旅伴做好沟通。当然，若发现对方是个连小事情都爱抱怨，只会跟团又爱唠叨的人，那下次还是别找他一起来体验 Airbnb 吧，甚至以后都不要找他同行。

到底谁打扫房子？

Airbnb 有一条很奇怪的费用，就是所谓的清洁费，这条费用会由房东来收取。但明明把房子出租了，房东本来就应自负清洁打扫的责任，提供一个干净的空间，为何还要另外收取费用呢？

说穿了，**清洁费是个 Airbnb 让房东多收钱的借口，以及用来拉长房客租期的筹码。**虽然整个入住期间，清洁费只会收取一次，并不是每天都要付，但有些房东故意把清洁费提到很高，目的就是希望你能住久一点。不然有时清洁费都快等同于一日房费了，不住久一点岂不是无法拉低房费平均值？用一点小心机提长房客的租期，不仅可降低每个月的清洁频率，还能保证房子在这段时间的收益，只对房东有好处。

我个人觉得这条清洁费收得很不合理，而且首次使用 Airbnb 的人，收到系统寄来的预订费用清单时，通常会吓一跳，总金额可能比去住一间旅馆还高！但至少大部分旅馆还提供每日清洁与换毛巾的服务呢。既然清洁费不可避免，也有不收取清洁费的房子，清洁费过高的房子能免则免吧，找房子时请不要忽略了这个隐藏费用。

另外一个常有的争议是，房东收了清洁费，那在入住期间是否会提供清洁服务？虽然保持环境整洁是房客的责任，但每天出出入入，难保地板不会累积灰尘、浴室不会有落发。事前的私信时，礼

预订费用

¥255 CNY x 7晚	¥1785 CNY
清洁费	¥215 CNY
Airbnb 服务费	¥236 CNY
总价	¥2236 CNY

付款已收到: 2015年1月26日 (一) (VISA xxxxxxxxxxxx7742)	¥2236 CNY
差额	¥0 CNY

这间房子的清洁费，明显快等于一晚房费了，房东想借此让房客拉长租期。

貌性地询问房东是否每两三天就能提供基本的清洁服务，应该不算太过分的要求。若整体房费很明显高于附近旅馆，房东也不会自发地来帮你打扫，还是建议你去找间好旅馆住吧，除非这栋房子真的条件太好，让你非住不可。

退订与纠纷

退订分为两种状况：房客自行取消与预订被房东取消。

若是房客自行取消，请先跟房东联系好，Airbnb 会退回预订时的房费与清洁费，但服务费不予退还。且为保障双方权益，并防止无聊人士不经思考就发出预订，Airbnb 设了多种退订机制来预防。

退订政策	灵活	适中	严格	极严格（30 天）
多久退订	入住前一天	入住前五天	入住前一周	入住前 30 天
退款	全额	全额	50% 房费	50% 房费
Airbnb 服务费	皆不退还			

备注：请注意，还有 60 天以上长租的超级严格退订政策。在预订时一定要详读该房东的退订政策，它们往往极其复杂。

在此提醒大家，**开心地浏览完房子并下订单时，一定要看清楚房东的退订政策**，以免因一时误解造成彼此不开心。但我的个人经验是，通常房东设得越严格，代表他越不会随便取消你的预订，有时还比较安心，但这是个人的经验，仅供参考。

若是预订被房东取消，这种状况真的会很气人。虽然房客可随时申请退款，**但别以为房东取消预订后，Airbnb 会自动退款到当初使用的付款账户（例如信用卡），房客要主动去申请才行**。这是因为 Airbnb 不希望流失房客已付的款项，所以采取的政策是先帮你预存于网站中，然后引导你再重新订房。当然赶快在 Airbnb 找下一个房源是个比较快的解决办法，但若想直接拿回款项的退款，步骤如下：

1. 进入自己的账户，选择“您的旅程”。
2. 找到“被取消的预订”。
3. 点击“申请退款”。

遇到任何纠纷想申诉时怎么办？房客基本上只能先在网站上反映或致电客服，还要等 Airbnb 介入仲裁，然后进入漫长的等待期。房东们遍布世界各地，Airbnb 无法统一服务水准并一个个监管。这是 Airbnb 无法迅速处理客户投诉的一个原因，也是最被诟病的一点。

第五章

做个受欢迎的房客

做个受欢迎的房客

为何被房东拒绝？

别以为有张信用卡，登录完成了，就可以租遍 Airbnb 上的房子了。**房东要不要接受你的预订，全部掌握在他（她）的手中，这就是 Airbnb 与旅馆最大的不同**。这间结构松散的“Airbnb 大旅社”，每一个私人房源所提供的服务，不仅无法标准化，而且落差也很大。既然对房东来说租房是笔“生意”，那你就必须了解促成他接受一笔预订的背后，到底有哪些因素。

我们都希望人见人爱，到哪里都不被拒绝。但当你花时间找到超喜欢的房子，但在联系或进行预订的阶段就被回绝，若那房子刚好是心中第一选择，不仅浪费了很多时间又难免暗自神伤，有些人还会以为自己被“嫌弃”了（我有伤心过）。其实不要想得这么严重，你们彼此都没见过面，房东除了审核你过往的评价外，拒绝你还有一些原因。房东喜不喜欢、想不想接受你，可能有以下原因：

预订时机

越早预订，对于房东来说当然越为有利，这样一来能让他提早做好应变的准备，或是排好清洁与维修房子的时间。若前一天晚上才发出预订，甚至当天早上才急着问，被房东拒绝的概率就很高（虽然也有很多爱钱的房东）。想象一下，若远房亲戚突然在晚上说隔日要来访住宿，想必也是手忙脚乱的，更何况还是个陌生人。

无法填补空档

房东在面对好几个预订需求时，如果接受你的预订后，会导致他的房子有一段超过两三天的闲置期，那你被拒绝的概率就提高了，因为很明显的，你会让他少赚一点。**大部分房东喜欢租给那些能完美填补空档的房客**，所以就别怪他了吧。例如一个房源在七月中旬时还有半个月未出租，房东当然会选择把房子租给要租十天，而不是只有三天的人喽。毕竟提升周转率，就是多赚一点钱嘛。另外一点跟位置有关，要看房源是位于城市还是乡村，生活节奏与租金压力似乎也会影响房东的选择。大城市的租金、贷款压力大，也使房东希望房子出租的空档都能完美地被填满。除非遇到个刚出道的房东，还不懂得节选预订来塞满空档，日后他发现吃亏时就会开始挑剔房客的预订了。

还有一种房东，不喜欢频繁地跟陌生人打交道，而只是喜欢自行决定出租的时段（例如一整个月只想出租两周），你的短租需求也会被排挤出去，因为他会选择直接租给要租七天的人，反正这段时间他也只需应付一个房客就可以了。或者刚好房东要外出，只是单纯把房子租给旅客，还能赚点房租回来，但你们彼此的时间就是对不上。

信任度

只看到你一张朦胧的沙龙照、空白的自我介绍，以及上一个房东给你的不怎么样的评价，换作是你，还会把房子租给这样的人吗？放张清楚的笑脸照，认真写一下自我介绍吧，总不能要求远在异国的房东，凭一张无法辨认的照片就能想象出你的全貌。希望人家怎么对你，就要先这样自我要求，能加上护照复印件的认证更好。

刻板印象

某国来的房客习惯很差，某国的人都不爱干净……这种刻板印象谁都有，房东也不能免俗。另外若他的上一个房客给他留下了坏印象，而且不巧还跟你是同国籍或肤色，那你一开始就被拒绝的概率就升高了。或者房东才刚开始经营 Airbnb，就遇到邀一堆朋友来家里开 Party 搞得一团乱，一怒之下会把后面的预订都取消。改变刻板印象很难，自己的人品自己救，让我们先从成为一个有礼貌、爱干净的房客做起吧。当然，不解释就随便取消房客预订的房东也是很差劲的，记得请 Airbnb 全额退款并投诉他。另外，即使许多女生自己房间乱到不行，但“女生一定很爱干净”这样的刻板印象还是无法被打破。若一个房东接到两笔同时段的预订，女生被接受的概率就比较大。男性读者们请一定要放张既阳光又看起来干净的大头照，否则在起跑点就先输了，后半段赛程也跑不下去。基本上被接受的概率按人群排序是：**单（双）人女性 > 情侣 > 单（双）人男性**。

问题过于巨细靡遗

没有人喜欢太啰唆的人吧？一般人问四五个问题，就可以解决对房源的疑惑，但我一位经营 Airbnb 的朋友却碰到一个尚未入住的房客，来回了将近 50 次私信，让他差点抓狂。“用 Google Maps 查过你家附近好像有坟墓。”“光线会不会不够呢？”“你家冰箱是一层还是两层，下层可以冰啤酒吗？”“你不在的时候去了哪里？”“空调可以用遥控器操作吗？”“一个人可以去居酒屋吗？大概要花多少钱？”……简直将私信功能当作聊天软件使用。原以为会是个谨慎的房客，最后还是接受了他的预订，但出差返家时却发现地板变得一团糟……原来房客的啰唆程度不等于他爱洁净的程度。建议若要提问题请先想清楚，最好分一两次就问完，否则房东光回答你的问题就浪费不少时间，会让他直接不想租给你了，而且还很怕见到你本人。

聪明且有经验的房东，应该会把搜集来的常见问题整理罗列，直接写在房源资料上，省得一个个回答。但若你仍有疑问，请长话短说，**千万别把私信功能当成微信来聊**，房东可没那么多时间理你。最常见的问题，就是机场到房子的交通方式了。

列举了这么多被拒绝的可能原因，**若讨厌被拒绝的感觉，那就找能“即时预订”的房子吧**！所谓的“即时预订”，就是无须获得房东的同意就能预订的房源。只要先选好日期预订，然后和房东讨论入住细节就可以了。而且搜寻时，也能查可提供“即时预订”的房源，不需有评价，第一次用的人也可以订，但前提是你的大头照可不能是空白的。

搜寻房源的时候，将“筛选条件”点开，就能看到可指定“即时预订”的房子。

小知识

未来更好订！

其实 Airbnb 正在解决“无法填补空档”上的问题，这事关他们能不能赚更多钱。以后在列出搜寻结果时，会把更符合你的时间、容易成交的房子排序提前，同时能减少房东与房客沟通的时间。

小知识

问题范例

交通	We will be taking a train from the airport. What is the closest train station to the house？ （我们会从机场搭火车，哪一站离房子最近？） How much will it cost with taxi from the airport to this house? （搭出租车到达房子会花多少钱？）
时间交涉	What time is check-in? Are we able to do an early check in about 12：00PM? （几点可入住？我们可以提早在中午十二点入住吗？）
床铺	Is this a big bedroom with a double bed or are they just twin beds? （这是个有双人床的大卧室吗？还是里面只有两张单人床？）
电器、设备	Is there a hairdryer in the room and if so is it powerful? I would love not to have to take mine so I would then have more room in luggage… （您好，请问房里有电吹风吗？风力大吗？我特别希望不用携带它，这样行李箱才能多点空间……） Are there tea and coffee making facilities in the room? （请问房内有泡茶或咖啡的设备吗？）
观光	Could you recommend good places to eat near this house? Any type of cuisine is fine. （你能推荐这所房子附近好吃的餐厅吗？任何类型皆可。） I don't speak Spanish...Could you help me to book a Spanish cuisine restaurant tonight? （我不会说西班牙文……你能帮我预订一间今晚的西班牙餐厅吗？）

房东接受率为99%的自我介绍

语言能力

重点来了，有信用卡可刷还不够，能不能跟对方沟通也很重要。首先你至少要具备英文沟通的能力，毕竟英文是国际语言。但这个条件，有时不是绝对的。通常有勇气将房子开放给外国人入住的房东，大致具备基本的英文能力，否则旅客上门无法回应的话，生意也做不成。但世界这么大，凡事总有例外，还真的有很多房东不会英文。

不要觉得奇怪，世界上有很多即使将英文列为第二外语，但国民普遍不讲英文的国家。尤其是上了年纪的长辈，即使在 Airbnb 上出租房间，房源介绍文字也可能是由其儿女甚至是孙子代笔。所以英文好不好，有时不是重点。

我遇到过不太会讲英文的土耳其人、日本人、法国人，但房东们都有一股服务热忱，手脚比画着介绍房间设施，用手指着楼下味道不错的餐厅，拉着你去最近的车站。这时你还会觉得英文好不好很重要吗？ 有没有沟通的热忱其实更重要，否则房东英文能力再好，若是冷冷淡淡的态度，便能让人的旅游兴致瞬间冷却。别担心英文不好的问题，看到喜欢的房子，先按下“联络房东”，用看得懂的文字去表达你对房子的欣赏，大部分房东应该也会有所回应的。但英文太烂，房东也会看不懂，可别此时才后悔没认真念书，因为你会失去很多交流的机会。

自我介绍

据以前遇到的一位房东表示，他最不喜欢的房客类型有：30岁以下的背包客、情侣、照片上看起来脏兮兮的人。前两者很喜欢晚上出去喝酒狂欢，回家把房间吐得一团糟；而后者则让人一看就不舒服。当然这可能是他个人的经验，不代表所有房东都这样想。但后来我想想也不无道理，**因为换成我自己经营 Airbnb 的话，也会想拒绝那些在我印象中容易惹事的人**。

就像写履历一样，写得漂亮为自己争取到的机会就大大增多。但为何只保证 99%？因为房东不可能对陌生人照单全收。想博得房东的信任并成功预订到心爱的房子，房客们有以下几种准备工作，可以先自己做好。

选一张友善的照片

就像应聘工作一样，一张没有笑容、充满负面印象的照片，绝对只会帮自己扣分。身在异国的房东，要如何辨别入住的房客好坏？一张看起来友善的照片，例如开心的生日派对照、晴天的出游照、天伦之乐照、享受美食的炫耀照，只要是充满欢乐的生活片段，

自己家的狗儿再可爱，也别拿它来当自己的大头照，大部分房东倾向于把房子租给把脸拍得很清楚的人。

就能帮自己大大加分，重点是照片上要看得出来你长什么样子，而且看起来很友善。Airbnb 还提示房客为自己录一段影片，让自我介绍更加生动。喜欢拿小孩照片当大头照的人，也要避免那么做，否则有些房东会以为你真的是小孩而不租给你。

用双语介绍

不需要太冗长，只要清楚地表达国籍、兴趣，甚至拥有一份看起来稳定的工作，大部分的房东就能接受了。为了让别人了解你，Airbnb 建议加上自己的喜好，如喜爱的旅游地点、电影、音乐或食物等，丰富你的个性，能让你看起来有血有肉，就像个新认识的朋友般。建议全文能以中 / 英文分开撰写，以下为范例：

“Hello, My name is Christina Wu and I'm currently a college student!

I really enjoy Japan culture and have this crazy dream of learning Japanese. So I'm learning Japanese in school, hope to make my Japanese fluent, and possibly visit Tokyo in the future!

Anyways, I'm a very clean person. I don't smoke, don't take drugs. Looking forward seeing you!

您好，我的名字叫 Christina 吴，我还是个读大学的学生！

我喜欢日本文化，并且梦想着要学会日文。所以我正在学校学日文，希望我的日文能变得流利，而且哪天能真的到东京一趟！还有我是个干净的人，不抽烟、不吸毒。希望很快能见到您。”

朋友推荐

怕这样还不够，评价还是零？你也可以邀请社交网络上的朋友先帮你美言几句，美化一下自己还是空白的评价数。到“个人资料”→“推荐”来邀请社交网络好友们帮你写推荐语，推荐语就会公示在你的评价最下面了，但朋友也需要在 Airbnb 上有注册才行哦。记得礼尚往来一下，帮朋友也写点推荐吧。

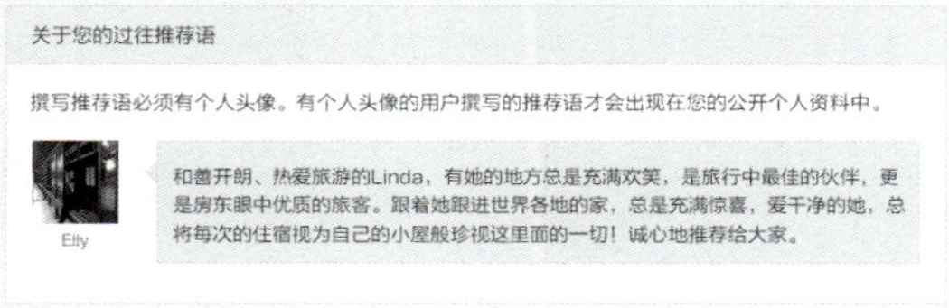

发个推荐邀请给社交网络上的朋友，让他们先帮自己美言几句吧。

见面后和房东的互动

基本礼仪

我想大家都是成熟的大人了，所谓的基本礼仪应该都懂（家里、学校都有教吧？）。除此之外，使用 Airbnb 时有些不必要的行为，在此提出来让大家注意一下。

不遵守房屋守则

例如房内不准抽烟，还故意抽了好几根。或是写明了不欢迎在房内吃味道重的东西，结果大吃大蒜等。每个房东的守则与底线不同，请在入住前花点时间看，不要做了坏事后还装傻。

把房东当成管家

虽然房东把房子租给了你，可不代表他就是你的“万能管家”，例如要他代收快递、代买商品、代订票券，甚至大人把小孩丢下来委托房东照顾等，千万别自行扩张了房东的“功能”。要把 Airbnb 看成是到别人家去作客，尊重房东的房子与生活作息。当然若房东主动提出愿意协助的话，就放心开口吧。但房子若有问题，一定要直接反映并请他处理。

送伴手礼

有的人很多礼，出门都要带个伴手礼。我也曾听闻房东朋友常收到房客的伴手礼，如卤味、牛舌饼、蜜饯、凤梨酥等，他们都收到过，但因不知道那到底是怎样的食物、到底卫不卫生，而苦恼着是要留着还是丢弃。基本上他们是不太期待收到这些东西（除非是金子），因为他们觉得房客租了房子就很感谢了。只要房客良好地使用屋内设施，准时退房即可，不需要房客带着感恩的心入住。有时收到礼物，他们反而不知该如何处置而偷偷仍掉。

私自带人入内

特别是以省钱为出发点来订房的人，总是抱着能省则省的态度，去做一些损害房东权益的事情，例如虚报入住人数。许多人租下整套房子后（不用与房东同住），白天单独一人拉着行李入住，晚上才偷偷地接同行的旅伴进房，这可能是很多人熟悉的场景。或者晚上在租来的房子开起 Party，结果玩得太晚，导致一堆人在此过夜……通常房东设定一位额外房客的费用不高，也许房东不会发现，但**请不要为了省一点点钱而做了出格的行为**，因为你人在国

我的房东朋友实际收过的礼物。看到这些伴手礼时，其实外国房东们很纳闷要不要收。

外，就代表自己的国家。朋友若有这样的要求，也请拒绝他，因为他想省钱是他自己的事，不必在此时发善心。

不准时退房

也许你以为房东不在家，就能偷偷多住几天不被发现。很多人一发现房东是因为出远门才把房屋出租，就大摇大摆地赖到想走才走，白住还当赚到。这种心态万万不可取，Airbnb 也开始授权房东让你加倍付款的权利！**凡是被发现滞留，从退房当天算起，每多留一天，房东就能收你两倍的房价**，以及还有一定比例的税金与服务费，即使你愿意多付钱了事，房东都有权要你当场离开。别以为不会被抓到，万一退房当天有其他人要入住，保证此时大家会搞得很难堪。

帮人代订

这是个非常欠缺思考的行为。想象一下，即使是你的好朋友来跟你借银行账号进行交易，你会愿意吗？虽然每个人都能注册 Airbnb，但良好的评价是自己辛苦累积的，再说若房东见到一个跟大头照上不一样的人，他将会做何感想？可不是人上门了再做说明就可解决的，万一房东拒绝他入住但钱照收（因为这段时间又无法保证找到新房客），若要跟 Airbnb 申诉，房东还可能以你“放鸽子”（No show）为由不退款。下次有人拜托你之前，先好好考虑一下吧。

随便翻动私人物品

刚开始使用 Airbnb 的人，心中会有个疑问：“房东家里的东西，到底哪些可用？”根据我的经验，若是浴室、厨房、客厅等配套设施，如洗发沐浴乳或调味料、锅具、客厅电视机与音响等，基本上属于生活必备用品的，使用起来是没太大问题的。书架上的书稍微翻阅一下，房东应该也没什么太大意见，电器不要弄坏就好。若看起来像是房东个人的收藏，如红酒、雕塑、集邮、香水甚至是食物柜、衣柜等，就别因好奇去翻动了。另外也请记得，准时退房前先大致收拾一下垃圾，做到物归原位，但床上棉被不一定要折叠，因为他也要来换床单床套。

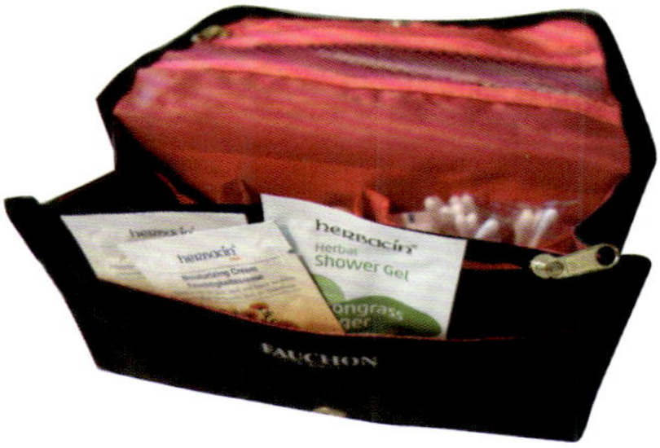

虽然大部分房东家的卫浴用品都可使用，但我还是喜欢自带，因为看不懂有些产品包装的外文，万一洗头用到脱毛剂或毛发褪色剂还蛮心酸的。

平常会留着惯用品牌的试用包，出门时去几天就带几包，非常方便。

这种看起来就是给房客用的旅游资讯，翻阅绝对没问题，但想要拿出去参考或取走，请一定先问过房东。这是冰岛房东特别提出要我们带走的参考资讯。

保持美的距离

有些人觉得，只要付出热忱就能跟所有人做好朋友。但你相信吗？有点距离感会使你更有魅力。特别是有些人租 Airbnb 就是想交个外国朋友，但也许房东跟你想的不太一样。先前我一直强调，经营 Airbnb 是一种生意，所以热诚好客几乎是个让房客感受良好、自己博得好评价，然后吸引更多人入住的如意算盘。

当然也有例外。如果你跟房东很有默契，能聊上更多话进而一起用餐，或者受邀到一些当地特别活动的场合，那表示你们也许能成为朋友。否则即使房东在你用力打开话匣子的当下，努力迎合你的话题，那也不代表你们已经是朋友了，因为每个地区、每个人对朋友的定义差别很大。往往有的人觉得刚认识且能聊个两三句，就算是朋友了，就可以互搭肩膀喝喝小酒聊天了。但在其他地区，你可能还只是个今天刚住进来的房客，而且要经过一天，他才能从 Airbnb 收到款项，**对他而言，你就是笔生意而已**。这听起来很市侩，但请不要在热脸贴上冷屁股后，才知道你的付出并不等于别人会同等回报。

从礼貌性地打招呼开始，再从沟通中逐渐增加话题的热度，我相信只要是成年人，大家都能拿捏好成为朋友的关键，至少不要造成彼此的认知困扰。用 Airbnb 旅居当地，花点时间融入当地的节奏，保持礼貌与尊重，你就会慢慢赢得好感。当然我也遇到过一些热情过头的房东，贴心的程度反而干扰到我旅程的节奏，适度保持距离绝对是上上之策。

评价的拿捏

就像拍卖网站一样，Airbnb 让房东、房客可以在退房后 14 天内彼此评价。Airbnb 让两者彼此完成评价，当 14 天的评价期结束后才公布，此时你们才能看到彼此写的内容。若入住期间感受愉快，就直接在评价中表达出你的真实感受吧！公开表达赞赏与感谢，也能鼓励房东做得更好，同时给下一个房客作为参考。或者你只有私下的话想跟房东说，那也可以不留评价，改在私下意见栏告知他应该改进的地方。

根据统计，大约只有七八成的人会撰写评价，大部分的人可能是因为觉得麻烦，或是忘了要评价，甚至是感受不佳所以根本就不想写。虽然房客并没有义务一定要写，但可别忘了，你也是依靠前面热心房客留下的评价，来判断是否租下这间房子的。请凭着良心，**该称赞的地方就称赞，该批评的地方就不要心软，以便造福下一个想住进来的人**。没有前人的付出，就没有你可参考的资料。可别因为房东对你很好，就把一间明明很差的房子形容成豪宅，那下一个看了评价而来的房客，岂不是新的受害者？

但几年下来我注意到一个现象，就是房客留下的评价通常很仔细，而房东的评价似乎很简短。一来可能是专业房东很忙碌，再来是房东根本没见过房客，所以常使用“公版”，也就是用重复的字句来对房客作评价（有时间的人可以去检查他留给其他人的评价）。可能费心写了老半天大赞房东，结果发现房东留的只有几句再简单不过的溢美之词，会觉得有点不公平吧。但也有可能是房东英文能力不佳，所以无法为你写太多评价，所以稍微放宽心一点喽。不要在心里埋怨：“怎么我只值这几句话，我明明那么认真打扫又跟他关系搞得很好……”因为你对他而言，就是笔生意而已。

出游莫忘文明
购物还须理性
Civilized behavior of tourists is another
bright scenery rational shopping

第六章

省钱大作战

不管租或住，都能省

省更多、住更久

现在资讯发达，各种信息都公开了，旅游网站也有许多人分享省钱秘诀。随着 Airbnb 上加入的房东越来越多，相对地，竞争更加激烈，房客可享受到的优惠也越来越多。只要你去的城市房源够多，通常能找到不少省钱的房源。

省钱最大的目的，不是让自己觉得开心，而是让多出的预算能玩到更多地方。但省钱的同时，请别把安全与品格这两个大前提也省掉了，安心出游也要平安回家，更要在异国保有良好形象，别做失格的旅人。

免费住宿金

介绍好友赚旅行基金

Airbnb 长久以来就有的推广制度，有点类似会员介绍制度。只要你的朋友们还没使用 Airbnb，第一次使用时就可动用发送的旅行基金。而且哪天当他们出租自己的房源时，你也能获得一笔不小的奖励！简单的试算表举例如下：

成功邀请一位好友

	好友获得	你可获得
好友首次使用	人民币 166 元	人民币 166 元
好友出租房源		人民币 500 元
总结	人民币 166 元	人民币 668 元

备注：必须是总价为 75 美元或以上的预订（不含清洁费和税费在内）。

也就是说，若你介绍了两个好友，就能赚 1334 元人民币，三个好友就是 2002 元人民币！但请注意，被邀请人必须点击你发送的链接后，注册一个新的 Airbnb 账号，你们双方才能获得旅行基金。这笔奖励会以优惠券的形式自动显示在结算页面上，而且只能用在新的预订上不能转为现金，一年内有效哦。怎么想都是介绍人有利吧？赶快去社交网络或寄发 e-mail 鼓动好朋友改用 Airbnb 找房子吧。

房东放促销

就跟旅馆一样，随着房源增多，热门地区的房东彼此间也存在激烈的竞争。但请注意我强调的“热门地区”，是指东京、巴黎、纽约这些大城市。小城市一来可能房源不多，他们要竞争的对象只有旅馆，该市旅馆价格若没太大的降价空间，那房东的价格也会很“硬”；二来万一房源条件真的好，而且又是抢手货，那就别指望房东会降价了。

最后一分钟

在国外，有许多所谓的“最后一分钟”促销，随着时间逼近，还没卖出去的房间通常都会降价求售。Airbnb 也一样，**离出租只剩**

一两周的时间，若房源位于竞争力较大的区域，房东就会考虑降价求租，以免出租周转率太差，可能会打个七折或八折左右。若已经事先把喜欢的房子加入了设好的清单，可赌赌运气。但这招只适用于“心比较大”或手上有备案的人。不过，这需要自行去观察房价有没有下落，Airbnb 尚未有这种“最后一分钟”的促销区哦。

但还要注意的一点是，房东为了不损失太多会有小手段（例如会把清洁费偷偷提高），最后结算反而比打折前更贵，所以对于原始价格跟清洁费两项，最好在心里有个底，再考虑预订。可别脑子一热订下就以为赚到，事后才发现不妥而想反悔。

回头客

若已住过一次这个房子，第二次再来住时顺便跟房东讨个折扣吧。大部分的房东都很欢迎回头客，不仅省掉一堆联络的麻烦，还不用花时间去把你接回来，何乐而不为？可能有些人觉得既然都熟识了，私下跟房东联系预订就可以了，还可省下 Airbnb 至少 12% 的服务费跟清洁费。虽然这是你跟房东之间的口头契约，但凡事还是以安全为上，尽量不要私下交易。房东在接受你的预订前，可直接修改金额后把房子租给你。

我很少会重复住一样的房子，一来是好房子还很多，可慢慢挖掘，去欣赏每间房子的优点；二来是不喜欢欠房东人情。若住过的房子条件真的是不错，那就试试看喽。

开张促销

既然大家都喜欢有评价的房子，那从零开始的房子怎么办？总要有人给机会吧。房东只好打出折扣来吸引你喽。若以房客约有七成会留评价的概率来看，想要凑到几个好评价，一般优惠期间大致有一个月，或者仅限前几名。建议大家要租之前，先研究一下房东之前的评价，再决定要不要住这个房子。因为我也曾贪小便宜，住到超级小的房子，连进厕所照个镜子都要一只脚踩在浴缸里。

当然，预订前请仔细研究一下清洁费这个陷阱，搞不好也是个“钱坑”。

长期住宿

若想要在国外来个长住（Longstay），选择一间设备齐全的民宅肯定是比较便利的。一般旅馆若遇到长期住宿客，也会主动提供折扣。那 Airbnb 呢？房东当然是欢迎得不得了。这段时间他不用伤脑筋去回复询问的私信，也不用费时进出打扫。所谓**长租的定义，是指 28 晚或更久的预订，可别以为预订个三五天就是长租哦。**

有意长租的房东会设定月租价格（也有周租，但不适用长租规定），价格会比短租来得便宜，至少能打个八折或九折。但如果你预订了长租，都住进去了突然某天想要更改或取消，虽然可上网更改新的退房日期或是退订，但是若没在退房前 30 天或更早联系房东，将非常被动。房东有权接受更改或执行退订政策，服务费还会根据预订总价而有所调整，非常麻烦。

有些房东直接在房源首图就放上这么明显的优惠，直接标明有哪些优点，很积极地想把房间租出去。

长租虽然预订时方便，但若想中途修改、终止，可是非常麻烦的。若每个人都想通过长租得到优惠，住到一半就想开溜，房东们还要临时找新房客，会承受一大笔损失，所以**长租条约以保护房东权益为主**。Airbnb 还在随市场发展而不断修改政策，预定前请一定详阅网站上的退订政策，对房客来说没太大讨价还价的空间。除非是房况与预想的不同，也要通过跟 Airbnb 申诉进入仲裁，那又是一个漫长且不愉快的过程。

廉价航空抢票陷阱

天天都便宜?

既然住宿要省，旅费中组成成分最大的机票也要省到底。现在很盛行的廉价航空，只要提早订购，抢到极为便宜的机票也不无可能。所谓的廉价航空相信大家都有耳闻，就不在此赘述了。廉价航空省略的是服务，可不代表飞行安全也会省略哦。但为何有时买起来，却一点都不便宜?

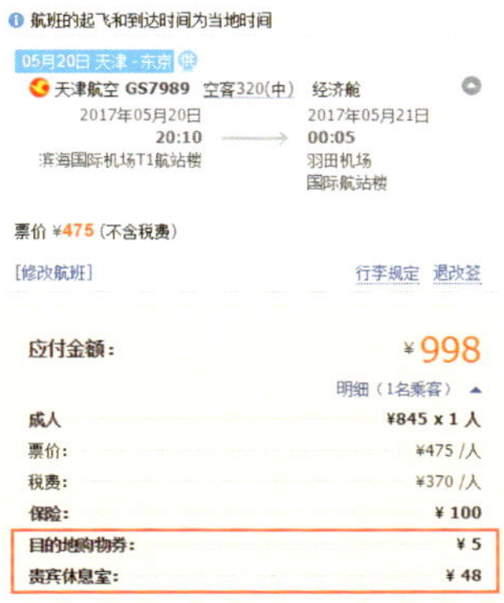

好贴心哦，进入预订页面时，已经直接帮我预设了贵宾休息室和目的地的购物券，但要是我时间紧张，来不及使用怎么办?没改回来的话白白损失几十元人民币。

贼贼的加价陷阱

为什么廉价航空首页上写从天津到东京 441 元人民币，但结账时就变成 554 元人民币？一般正规的航空公司，本来就是全包式服务，没其他额外费用。在上网订购机票时，就会将票价、机场税一起显示，但其实多数廉价航空为了提高盈利，**许多加价服务都是预先勾选好，**挑战消费者眼力的极限。这时才发觉，廉价航空一点都不便宜。

这种硬塞的加价服务，一不留神就会买到根本不需要的服务。但廉价航空的理由都是“站在便利服务角度，才提供预勾选”，虽然不需要就用鼠标点掉即可，但若廉价航空打出“滨海国际机场——羽田机场单程人民币 441 元”这种破盘价时，忙着抢票的人怕一下子票就没了，谁还会留意到全部的付费细节？往往一页页地任由费用往上堆叠，按下确认键后才想到要去看付费明细。但都是自己决定的，不能去怪任何人。

记得在选择最佳票价时，若一看侧边订单详情内有“贵宾休息室”“目的地购物券”“旅行 WiFi 租赁”等加价服务，却没勾选的话，一定要回到之前画面去点掉。即使再急也要慢慢看清楚，大家都知道，越急就越容易出乱子。有些廉价航空甚至规定顾客要自行印出登机证，到机场没有出示要加价才能登机，敬请多加留意。

越查越贵

相信上廉价航空网站查过票价的人，都会有这样的经验。今天查是这个票价，本来还很开心地跟朋友们报喜，然后隔天再查相同日期与时间的票价，却变贵了？很多订票网站都会用这招，廉价航空当然也不例外。有个说法是这样的：上网订廉价航空机票或旅馆，要用“无痕模式”进行搜索。因为若在一般的浏览模式下，任何浏览过的记录都会悄悄地被网站记录下来。但这到底是不是真的呢?

其实当你关闭所有无痕模式分页后，浏览的网页的确不会保留在“你的”浏览器记录里，但网站仍然可以追踪你的浏览记录，你查过的票价与日期，一样都会被廉价航空网站记录下来，而且航空公司的网页设计也不是傻子，所以“无痕模式”这招可能是无效的。那到底要怎样才不会被窥见理想的出发日期?

根据在票务中心上班的朋友透露的信息，票价在查询后会有浮动，有几个主因:

1. 只要你有查询记录，你拖得越久不订，离出发日越近，网站就会让票价自动变得越贵。

→惩罚你越晚做决定价格就越贵，下次你铁定飞快付款。

2. 机票并不像零售价格，如果机位没卖掉，他们才会降价以解决多余机位。

→通常会先通知旅行社或 VIP 客户，轮不到你。

3. 若有大量人同时查询一个时段的机位，推高需求后价格就会飞涨。

→因为奇货可居。

也就是说机票价格是被需求也就是查询次数推高的。我个人的做法是，**查询出发日期前后一两天的票价，看好价格并告知旅伴们后，尽量在当天就下订正确日期的机票**。若疯狂查询同一日期的票价，票价会变贵，是因为你不知不觉推波助澜了一把。赶快下订单，并仔细看清楚票价明细，别买了一堆不需要的服务。

第七章

我也想当房东

潜在机会与风险

共享经济盛行

时下共享经济兴起，类似像共享房子、汽车等财产，甚至连个人的时间都能拿出来租借，可见在不久的将来，许多固有财产已经不需要持有，不需要的时候就借给别人，将既有效能放到最大已经是股无法抵挡的潮流。随着智能手机的普及，正是共享经济时机逐渐成熟，开始要大放异彩的时候。

Airbnb 存在的价值，我觉得很大一部分是这样的：旅人能找到经济实惠的住处，并借由与房东之间的良好互动，产生新的旅游价值。再讲简单点，就是一种**社交型旅游**。若你利用 Airbnb 有了美好的住宿经验，是不是也从心底想做一样的工作？相信很多人在回国后也会跃跃欲试。

Airbnb 也知道许多人想出租剩余空间，用来缴房租、还房贷，甚至是创业，正致力于通过房客的力量去发放旅游基金，吸引更多人进来，扩大消费群与房源供应一举两得。在不久的未来，Airbnb 或许会动摇旅馆的地位。

发展中的周边经济

听说目前巴黎有些区域的 Airbnb 房客人数，甚至比当地居民人数还要多。这么多外来者选择入住当地，正在悄悄改变当地经济。前几章提到过，据 Airbnb 统计，**一个 Airbnb 房客每消费 35 元中，除了 12 元给了房东，另外 23 元则贡献给了当地经济**。因为比起标准化的旅馆，住 Airbnb 提供的房子更有旅居当地的感觉，一圆住在巴黎的梦。比起团进团出、消费全控制在旅行社手里的团客，想必当地商人比较欢迎住在 Airbnb 提供的房子的散客，起码收到手中的钞票是实在的。

看中这些外来客潜在的消费能力，有些行业也悄悄瞄准了他们。在日本，一部分的 Airbnb 房东，正职工作是土地中介、婚姻介绍等。他们本身工作时间弹性较大，除了将条件好的房产租下，在卖出前经营 Airbnb 获利外，还能将房产直接介绍给前来住宿的外国旅客，说不定还有成交的可能，根本是通过 Airbnb 在进行事业开发。

除此之外，在旅馆房间不足的观光地区，若临时遇到机场铁路员工罢工或天降大雪，许多出差人士一时之间无法找到可入住的旅馆，最快的解决办法是上 Airbnb 找间附近的房间，摆脱当晚无处可去的窘境，没想过 Airbnb 也能发挥“避难所”的作用吧?

风险在哪儿?

很多人读到这里，似乎已跃跃欲试，要认真地投身经营 Airbnb 了。但可不能只想着 Airbnb 事业带来的利益，而不去考虑背后的风险。Airbnb 崛起得太快，许多国家都还在探索管理方法，甚至采用罚款手段来保障合法经营的旅馆。鉴于只罚房东不罚房客，想当房东的人不可不慎。光是 2014 年在西班牙、法国、日本等 Airbnb 使用率高的地区，网站本身与房东皆有被罚款记录，金额还不小，就是因为排挤了一般房屋租赁与旅馆市场，正规渠道经营的人可不会坐视权益受损。

但逆着潮流走，只会丧失更多机会。由于欧洲是房源供应的主要地区，Airbnb 积极地宣传它的房客不仅住得更久，而且花费得比团客更多，以便各地政府认可 Airbnb 确实有利于当地经济。为了走向合法化，Airbnb 不仅鼓励房东缴税，也顺应欧盟国规定，开始要求房客支付城市税（例如阿姆斯特丹为 5%），并附加于服务费中代为收取。

未来房客租用 Airbnb，也会因为国家不同而缴纳不同的税金，房东也不再像以往那样只是做做小生意，未来都需要缴纳所得税、营业税、旅馆税等，这会让经营 Airbnb 的成本变得更高。这些都是任何想经营的人，从现在起就要考虑的成本。

小知识 **城市税**

许多欧洲城市会向入住市内旅馆的境外旅客征收城市税，例如柏林、罗马、威尼斯、巴黎等观光大城。理由是逐年增加的观光客人数，已造成当地基础建设的负担，急需缓解该市财务困境。城市税通常不包含在房价中，会在退房结算时收取。税率随着季节、旅馆规模等不同而有所差异。

相关风险

现有风险

有心想成为 Airbnb 房东的人，不管你只是想把家里空房出租，赚点零用钱也好，还是把闲置房产当成与全世界旅客交流的场所，在此务必要考虑清楚相关的风险，而且风险还要分成“法规”与“租赁契约”两个层面，可不是一般人想得那么单纯。

法规灰色地带的 Airbnb

先从法规层面来看。一般来说，若将自有房源用于 Airbnb 经营，会被归类为日租套房或民宿，这种以日或周为单位的不动产租赁，属短期住宿服务业；以月或年为单位才归类为不动产租售业。凡是以不动产租赁方式，提供住宿或休息的服务，就算是经营旅馆的业务行为。

那法规要如何界定是否有经营行为呢？**只要在网络刊登照片、载明预订住宿资讯，或稽查人员当场拍下客房内有床铺、被单、卫浴等设备，就足以构成经营旅馆的事实，若没取得营业执照就是违法。**因为这类日租套房一方面不对房客办理身份登记，另外也不一定有公共安全保障（例如投保意外险、火险或定期安全检查），对消费者的保障明显不足。且申请营运时，必须符合较严格的建筑消防等法规，而一般住宅不可能符合类似的标准。所以，一旦将房源公布上网，即使还未有顾客上门，几乎就踩在违法的边缘了。

Airbnb 在网站上，有所谓“房东义务”篇，针对房东出租前需要注意的风险、邻居关系、保险与安全设施，设定了各种详细指南，希望兼顾网站营运的同时，也能避免房东激怒邻居与违反当地法规。在美国，Airbnb 公司甚至发送了几万个烟雾警报器给房东自行使用，以作为改善租房安全的证明。但遍布全球的“Airbnb 大旅社”，如何能标准划一地帮每个房东做好把关，实为难事。来自各地不停的处罚与发生的安全事件，会迫使 Airbnb 未来进行房屋安全的认证工作。在促进经济与法规把关中找到适法空间前，Airbnb 的经营尚处于灰色地带，想私下经营者请务必多加考虑。

房屋租赁契约

除了法规外，另外一个绝对要考虑的是“租赁契约”。只要房源是租来的，通常房东都会注明“禁止转租”条款。若背着原始房东偷偷经营 Airbnb，就违反了与房东之间的契约，可能会落得被迫搬家或被没收保证金的下场。若还有其他室友，没有与他们签订房屋守则或议定好如何拆分租金，就私自开始经营，未来有任何纠纷时，难保室友不会把你经营 Airbnb 的证据当作“呈堂证供”，到时倒候霉的还是你。

林林总总看下来，目前个人经营 Airbnb 几乎就等于违法。但政府肩负旅客的人身与交易安全，本来就对这类有经营旅馆业务之实的新兴产业，有介入监管的责任。近来分享经济的风潮已经止不住，若在新兴产业发展初期就猛踩刹车，不去进行辅导或营造更弹性的合法空间，只会促使经营转往地下，衍生出更多安全问题。**如何让旅客有更多经济的住宿选择，进而深入认识入住地区，相信在未来，Airbnb 仍有其存在的意义。**

从房客到房东

自我评估

当一个合格的房客很简单，只要动动手指打开网页，找到一间美轮美奂的房子，成功预订并入住，谨守基本的礼仪直到退房，就可以了。但想成为一个房东，除了要保证房源合法安全外，负担的责任可不算轻。而且房东可能是旅客们第一个接触的当地人，还肩负了一点地方交流的责任呢。

通过 Airbnb 将剩余房源租给旅客，说得好听是希望能多交点异国朋友，不过大多数人还是着眼于能缴房租、还房贷，甚至是创业获利。但做一个合格的房东，Airbnb 还附加上了需要具备“好客之道”“房东义务”“居家安全”等条件，早就超过单纯的租赁行为了。我用更容易理解的叙述，来让你了解何谓 Airbnb 的“好客标准”吧：

● 即时应对力

随时保持房源状态更新，提高预订的准确度。

客观描述房源类型、使用实际房源照片，标明可容纳人数。

能尽量即时回复咨询与预订的申请。

●入住保证

保证能提供允诺的房源，如果不得不取消预订，也要尽力帮助房客找到下个住所。

确保入住房源的清洁品质，要替换寝具并进行卫浴与厨房的清洁。

要保证生活设施、电器等物品能正常使用，还要提供清洁的寝具、毛巾、盥洗用品等。

●协助与互动

在房客入住前就备妥房源的一切。

房客入住期间，要随时能联系得上并协助解决问题，或者有个可信任的代理人。

能公平地给予房客评价。

看到这里，你觉得能做到以上几点呢？看起来，当一个称职的房东几乎是需要全天候工作的，还需要有热忱的服务精神，因为你可能碰到各国来的、友善的、稀奇古怪的、好奇又爱问的房客，没有热情是很难让他们全部满意的。再加上竞争越来越多，只有基本配备但没有个性的房子，很难博得注意。更不用提偶尔还得充当临时向导，让房客获得难忘的回忆，才能博得精彩的评价。

别忘了！打扫也是房东工作重要的一环，对房客这样糟蹋自己的宝贵房间，你也要有心理准备。

许多专业房东几乎没有假期与周末，全心投入 Airbnb 的经营。想必他们成为 Airbnb 认证的“超赞房东”时，势必也失去了一些私人时间与自由。我就碰到过一个房东，每天只有四五个小时睡眠时间，其他时间都在处理预订、打扫、回复咨询、开发下一个房源上，看到他总是筋疲力尽的模样，很庆幸我只是个单纯的房客。

先评估好自己适合当怎样的房东，勤劳的、积极的，还是轻松自在的，想好能投入多少精力再来考虑要不要投身这行。

> 小知识 超赞房东
>
> 想成为 Airbnb 认证的“超赞房东”，无须申请，只要你能“至少接待过十组房客、回复率保持在 90% 以上、半数房客以上都帮你写了评价，其中至少有 80% 的评价为五星评价，且没有取消过预订”即可，你会自动获得“超赞房东”的称号！但注意要每季都保持这样的纪录，下一季才能继续拥有这个身份。

出租目的

自认具备当房东的资格了，那动机呢？一件工作背后若没有充足的动机，是无法持久的，经营 Airbnb 也是如此。相信愿意把家里的空间与陌生人共享，总会有各自的理由。不管出发点是什么，参考一下别人的，你也许会发现理由真是五花八门。找到以下任何一点，你就有动力经营下去。

赚钱

根本不用说，这是 99% 的人的动机。缴房租、还房贷，甚至当成一个职业来经营，都是以赚钱为前提的。除了利用闲置空间外，出门在外的留学生往往也通过 Airbnb 来赚取学费与生活费，因为进入门槛不高，当成副业经营也不会被议论。以赚钱为出发点一点都不市侩，因为大部分的人都需要赚钱来生活。另外也有借短租方式来测试房租价格，或作为房源出售前的现金周转，以及学生公寓的转型等。

旅游基金

出去旅游时，闲置的房子租给有需要的旅客，除了把旅费赚回来，也有人帮你看家，一举两得，这也是许多欧美人时兴的交换住宿。前提是你要遇到好房客，而且准时退房。通过出租而赚到钱的房东，也能将暂存于网站的钱当作自己下一次住 Airbnb 的基金。

文化交流

自觉交际圈狭小、想多认识一些朋友、想练习外语的人，也很多都投身经营 Airbnb。

打发时间

对于退休赋闲在家、子女离巢而感到寂寞的族群，经营 Airbnb 也是丰富生活的好方法。另外许多人也投入经营，作为未来退休生活的安排。

其他

目的在于交异性朋友、潜在顾客开发等。

准备工作秘诀

听听老手谈经验

把房源公布到网站上人人都会，但怎样把握现有筹码，经营出好成绩就要看经验了。想听老手们的实战经验吗？除了房源本身条件不要太差外，一些“窍门”是值得参考的哦，参考老手们的建议，同时经营出自己的特色吧。

自有屋？另外租？

真的心动了？但我还是真心推荐房主们，从分租自家房间作为入门训练。做个称职的 Airbnb 房东可不是光收租金而已，连起步都没站稳，千万别信心满满地另租一栋来经营，铁定没多久就“阵亡”。自有屋分租的好处就是不用再添购设备，最多帮房客多准备几套换洗床单枕套、毛巾浴巾等消耗品即可。

另外租房来经营，除了要负担保证金与每个月的房租外，还要重新购置家电、家具，拉水电配线，配置网络，甚至缴房屋险等，资金需求简直堪比一次**个人创业**。没有十足经验与把握，奉劝大家不要贸然执行。若想当专业房东，建议至少要有一笔能撑过半年初始期的资金，否则口碑还没累积出来，就先弹尽粮绝了。

帮房子估个价

如果以上的条件没有击退你想当房东的心，那就来看看最现实的问题——你家能租多少钱吧。并非房东想租什么价钱，房客就只能照单全收，也要掂掂自己的“斤两”。不仅要看地点，还要同时比对附近竞争者的房价，以及考虑到季节因素，来调整出能让房客接受的价格。

Airbnb房东，遍布世界各地

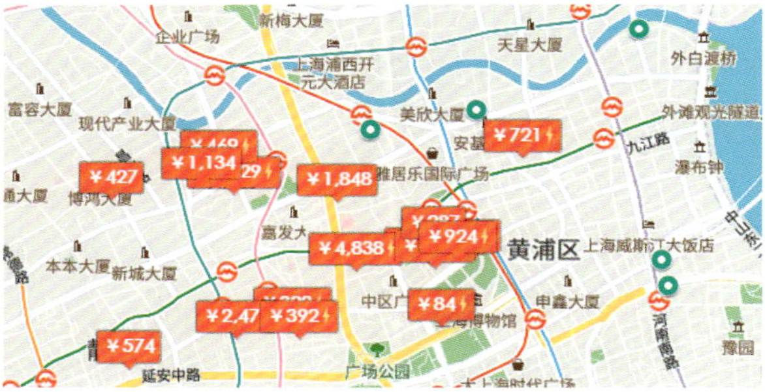

到网页最底下，在“出租”一行下点击“为何出租？”就可以看到了，能用区名查出此区的平均租金，但只是个参考值。

Airbnb 很贴心地提供了估价功能，让你了解相同条件下竞争房源的平均租金水准。即使没有出租意愿，有兴趣的人也可以来看看自己房子的价码，但仅供参考。比如我家乡的市中心，整套房屋的租金价码与知名大城市相去甚远，即使整个月都满租，也不如老老实实长租给一般人来得省事，还无需常进出打扫与更换日用品。当然，还是有许多充满热诚的房东，正用浓浓人情味在迎接远道而来的旅客。或者你有自信待客水准过人、房源地段好、装潢又无敌美，也可试试定一个自认的合理价格哦。

整套房屋平均一周租金（于 2015 年 7 月自查）

纽约	CNY4198 / 一周
巴黎	CNY4064 / 一周
东京	CNY3087 / 一周
上海	CNY2206 / 一周
台北	CNY1825 / 一周

备注：此为参考数值，可能会随着季节与其他因素变动。

收款设定

收钱最重要了，首先要清楚在站外付款或者现金付款都是 Airbnb 不允许的，可能会导致您的帐号从 Airbnb 网站上被移除。

目前中国的 Airbnb 房东们，可以使用支付宝收款，其他收款方式还包括以下各项：

- 主要的信用卡和预付费信用卡（维萨卡、万事达卡、美国运通卡、JCB 日财卡）
- 很多可以用作信用卡的借记卡
- 可用 PayPal

周末或节假日延误

许多银行系统周末或节假日期间不处理交易。因此，Airbnb 在周五至周日之间发放的收款，银行可能要到下周一才能处理。

当然，若你只把房租收入当成下次的租房基金，那就不必这么麻烦。Airbnb 会帮你把租金收入保留在账户中，下次付款时直接扣除即可，不足金额才会另外收取。

兵法云“知己知彼，百战不殆”，接下来就是要耍点“小心机”的时候了。没有搞清楚谁会来住你家，就盲目设定好价格公布房源，保证会沦落到每天枯等的地步。到底哪些人会是你的主要客源呢？真正影响到顾客下订的，是下列四个因素。

一般来说找房的顺序大致是这样的：**挑地段→挑美图→挑价格、看评价→发出预订**，这四点几乎决定 99% 的成交因素。

第一，地段

使用 Airbnb 的人大多在意价格，并不是每个旅客都有预算使用自主性高的交通工具（如坐网约车、搭出租车、租车等）。即使房源条件再好，一旦下机后要转三次车、周遭没有重要交通干线，该房源也直接会被放弃，认真问与答也会没下文，因为你的房源会拉高交通支出。所以不要忽略地段的重要性。另外，别以为你的地点很四通八达，**对旅客来说，没听过的地点跟丛林没两样**。例如日籍旅客对中国北京的长安街、西单认知度高，铁定不会住到没印象的回龙观、五棵松。中国人到了东京旅游，不也爱找新宿、涩谷等地的旅馆吗？除非哪天媒体捧红了其他地方，否则就慢慢等吧。

第二，美图

你自己都可能是以外貌为取向了，房客当然也是。一张迷人的房源照片铁定是接客接到手软的关键，可不要被褥不叠、书报散乱一地就拿手机随便拍，或在室内光线昏暗时拍摄，还自以为照片很有生活气息。Airbnb 网站会自动分辨图片品质，直接就把排序置后，让成交率高的房源抢先让房客搜寻到，而你的房源从此就永不见天日了。若对自己的室内摄影技术有信心，请拿起相机帮房源拍个美图吧，或请专业摄影师协助，这笔初期投资是绝对必要的。

第三，价格

价格原本就是决定房客是否下订单最敏感的因素，毕竟 Airbnb 上有很大的人群是因为价格“便宜”而来的。若一地有很多竞争者，那价格便宜、口碑又好的房源胜出机会则更大。

第四，评价

房客们会从过往的评价中来判断房东的为人、房源介绍的准确性、周边环境、房源现状等。还有一点就是，**看这个房东会不会随便就取消预订**，毕竟在异国流离失所太可怕了，没人会有勇气冒险。

结论就是，搞懂顾客挑选房源时的心理模式很重要，很少有人只冲着单一理由来下订单。这四点仅仅是基本因素。有经验的房东会知道，**终级战术其实是从房客的旅行目的来制定战略**。老手帮大家归纳出三种旅游形态，先分辨出你的房源适合哪种形态，再来决定要亮出什么卖点吧（目前商务或会议之旅使用 Airbnb 的比例还不高，暂不列入）。

你的房源适合哪种旅游形态?

	低成本观光	豪华观光	团体观光
适合人群	学生、背包客、收入较低的人群，参加演唱会、探亲、探病等人群	中高层主管、企业主、富裕阶层、新婚蜜月族	亲子、家族、结伴旅游、异地工作
房源条件	· 房间分租、小套房、隔断 · 地段最好 · 最低限度的生活设备（如利用宜家家居）与空间	· 高级公寓、别墅 · 生活设备等级较高 · 交通方便	· 两房一厅一卫以上 · 交通方便 · 离超市近，便于采买 · 设备充足（如有婴儿的桌椅、床）
获利率	较少	较高	较高
机会	· 出租率高 · 累积评价快	· 房客水准较高 · 房屋维护容易	· 单笔金额高
风险	· 房客素质可能不高 · 进退房弹性较大（配合廉价航空"红眼"班机） · 空间狭小、设施不足，取得好评不易，需用好的待客态度来弥补 · 房客压低住宿成本来吃喝玩乐与购物，房屋可能遭窃、污损率高 · 进出噪声招来邻居抱怨	· 出租率不稳 · 原始租金成本高 · 房内设备支出与维护费较高 · 房客容易因期待过高而失望	· 入住人数多，器具损坏快 · 打扫时间较长 · 备品需求大 · 较难收取到婴儿的住宿费
结论	经营入门款，但不推荐长久经营	推荐	推荐

找出卖点

先弄清楚自己房源的定位，以及适合吸引的客源后，再来就是找出卖点了。只凭一张照片和两三行的自我介绍，任谁也不会想来住。若不写清楚，之后接不完的就不是房客的预订，而只会是一堆询问而已，白费一堆力气。当然你的房源再棒，也不可能吸引到所有人。在撰写简介时，一定要提到至少下列六点，才能让房客根据自身的旅游形态来找上你。

● 房源特色

第一眼就能吸引到房客的条件，请好好地思考。例如采光充足，3 分钟步行到地铁，全新家电设备，厨房设备齐全，适合小家庭入住，1 小时大巴到机场，30 分钟到天安门等。

● 交通方式

机场交通方式（列出费用更好）、邻近公共交通路线、知名景点的搭车方式等。

● 房屋设施

有无 WiFi、几室几厅、能容纳多少人、床铺形态、是否配备咖啡机等。

● 附近设施

大型商场、邮局、餐厅、超市等。

- **进退房时间**

  例如下午两点可入住、早上十点退房等。

- **其他规则**

  例如禁带宠物、禁止抽烟、欢迎小孩入住、勿大声吵闹等。

此外，若房东能提供一些额外的附加价值，让房客住进来的期间可充分利用，且不要太占自身的休息时间或资源，就试着提供看看吧，这也会成为房源的一大卖点，记得在房源说明中也要加上。例如：

- **特殊景点**

  例如从房间可看到中央电视台总部大楼、顶楼可观赏夕阳等。

- **特殊设施**

  有健身房、游泳池、桑拿房、按摩浴缸等。

- **特殊服务**

  可代订票券、免费向导、提供打折券、供餐服务等。

小知识 **美图太重要了！**

若对自己的摄影技术没信心，可向 Airbnb 申请专业摄影服务。房东一次最多可以申请拍摄四个房源，拍摄结束后，摄影师会交照片给 Airbnb 审核一两周，然后再加上 Airbnb 的标志认证上传，这样就能开始使用了。

经营秘诀

新人出马

乍看之下，经营 Airbnb 真是完美的副业呢！不仅能用活家里的闲置房间，还能增加与外国人交流的机会，同时赚点房租来贴补家用，当成副业来经营也够理直气壮。不过若接到生平第一笔预订而且宾主尽欢，就以为日后房客会如潮水般涌入，那你就想得太多了。**Airbnb 上的房源几乎是以年年翻倍的速度在增加**，如何在激烈的生存战中胜出，就要靠一点功夫。

准备好要鼓起勇气当 Airbnb 的房东，接待来自全世界的旅客了吗？在刚开始的阶段，每天无时不留意手机是否传来房客的私信，就跟求职一样期待又怕受伤害。由于经营的人越来越多，想当个成功的后起之秀，以下几招基本技巧必不可少。

双语介绍

除非你只想死守国内旅客市场，否则英文介绍是一定要的，**只写中文会丢失了 Airbnb 八成以上的使用者**。除了房源标题外，房源介绍也最好是中英文并举，扩大你的潜在客源。当然若有特定喜欢的国家，直接使用它们的语种也会提高命中率，而且一旦获得更多语种版本的评价，日后能吸引的客源会更广。

取个好名字

“度假级轻别墅”“绿意盎然玻璃屋，附夏日凉爽微风”“推开窗就是繁华夜景”等标题，是不是比“一室两厅，可住四人”这样平淡的标题吸引人呢？彻底发挥你的想象力，帮房源取个显见易懂的好名，当然也不要太过夸大，以免把人“拐”来了，结果反而让房客期待过高，失望就越大。

另外，房名也可直接将景点与地段带入，如“30 秒立马到地铁站”“邻近夜市、百货、地铁，性价比最高”等，也能吸引房客目光。

即时预订

Airbnb 为了提高成交率，登录房源时会建议你采用即时预订，这是什么意思呢？就是无需房东同意，房客就能直接预订你的房源。不仅房源的排行会上升，点击率也会增至 1.5 ~ 2 倍，但房东就无法节选出价值高的预订了，下节会说明。

Airbnb 的房源越来越多，刚开张的房源可采用这样的广告方法来吸引房客的目光。

开张促销

这招适用于刚开张、急需累积评价时使用，但切记不要使用得太久，累积到两三个不错的评价就要停用。如果更有心可以制作醒目的广告，直接在房源照片上标明开张限时促销，也会有不错的效果。如果怕吸引到贪小便宜的低素质房客，记得先看房客评价再节选预订哦。

提升出租率

“宁愿半夜被预订私信吵醒，也不要望着空荡的出租信息表哭泣”，这应该是所有房东的心声。如何在不增加支出的同时提升出租率，需要一些秘诀。

拉升搜寻排行

目前 Airbnb 并无开放类似搜寻引擎操作关键字排名的服务，房东想要让排名上升，就要靠基本功，如房源资料完整度、图片水准、留言回复率、预订接受率、评价数等，或者直接开放即时预订功能，也能推升搜寻结果排行。越是位于竞争激烈的区域，就越考验你的经营能力。

博得各国好评

若入住的房客国籍太过单一，房客留下的评价就会局限于一种语言，反而限制了发展。尽可能接待来自世界各国的房客，不但能让经营的过程更有趣，而且房客们留下的各种语言的评价，也能帮你开拓更大市场哦。另外，**俗话说“见面三分情”，尽可能抽个空跟房客照个面**，寒暄一下或提供一点旅游建议，顺便提醒他帮忙留个好评。

不要有偏好

为了提升出租率，Airbnb 在持续改进演算法以优化需求配对。简单地说就是**“你越常租给怎样的房客，有相同需求的人就越容易搜寻到你的房源”**。这么做的好处是：避免搜寻的最佳结果中只有那些“超赞房东”容易出线，让所有房东都能有机会接到房客的预订，提高预订成功率。

但这么一来，对于想接触更多国籍的房客、多累积不同语言评价的房东来说，反而成了缺点。Airbnb 会记住你的喜好，然后让你总接到类似房客的预订，在经营初期可不是件好事。例如你上个月接了某国一对情侣的预订，你会发现这个月情侣的预订会塞满信箱，因为 Airbnb 会把你的房源展示给有相同需求的人。起步时还

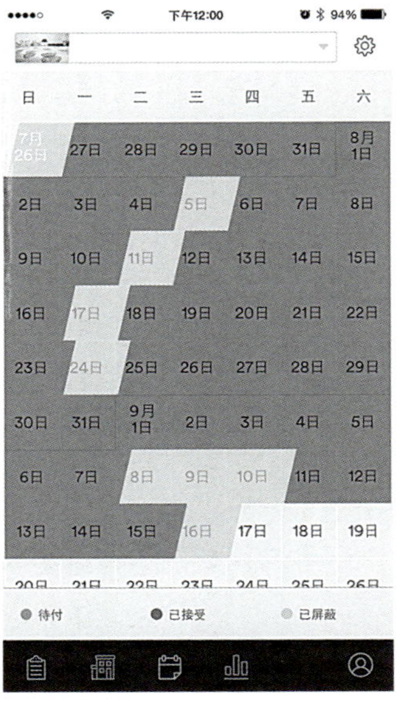

看到这样几乎客满的出租日程，几乎只间隔一天就有房客入住（这位房东喜欢打扫），是不是很羡慕呢?

是试着多接纳不同人数、国籍的预订吧。

更新照片

以上方法都试过了，没效果怎么办？换张照片吧。也许你以为房客在意的是床铺，只拍干净舒适的床铺就好，但一张能环视整个房间、充满温暖光源的照片会更吸引人。在拍照初期就多拍一点情境，整整一周没人询问时赶快换一张，或者多加一些周边景点、商店的参考照片更好。但不要随便修改图片，如房源明明不在北京朝阳区，却把中央电视台总部大楼合成到照片里，就有点诈欺的嫌疑了。

“即时预订”好不好？

只要在房源价格旁看到“⚡”的闪电标志，代表这个房子不需要房东同意，房客就可马上预订。如之前所述，房源的排行会上升，点击率会增至 1.5 ~ 2 倍，订房率也会大为提升。但这个促销工具**只对分租房间、单人套房有利**，对能容纳三人以上的房子非常不利，为什么呢？

明明是可容纳超过三个人的大房子，但却经常被只有一人入住的预订占满，损失可不小。也就是说，开启了即时预订功能，房东就无法节选出价值高的预订了。来看两种房价制定后的假设结果：

1. **降低房费，提高追加人数的费用。**

　→优点：获得大量重视价格的房客。

　→缺点：团体预订减少，整体房租收益偏低。

2. **提高房费，房客超过三人才追加费用。**

　→优点：团体预订增加。

　→缺点：出租率不高，且流失大量重视价格的房客。

怎么看都觉得即时预订对大房子不利吧？除非房源的所在区域竞争真的非常激烈，否则只建议分租房间、单人套房使用此功能。

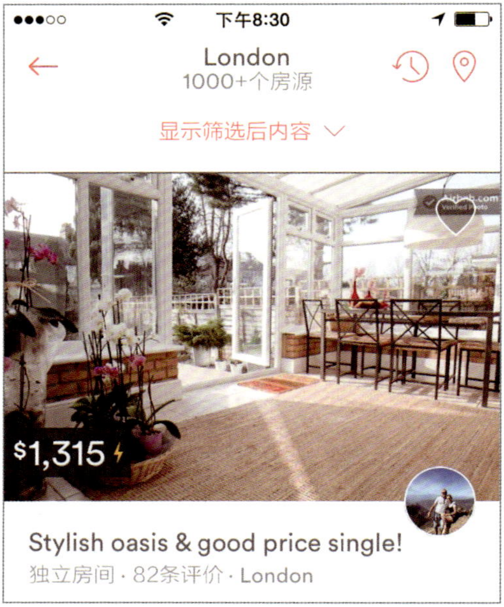

在价格旁有个“⚡”的闪电标志，代表这个房子开放了即时预订功能，房源的排名会大幅上升。

想多赚点?

除非你是拥有好几套房源的房东，刚开始把房间分租，无非想赚点零用钱而已。单打独斗的业余房东，通常上班时间无法接应房客，或临时帮忙解决疑难问题。除非你精力旺盛或常遇到独立的房客，否则只会落得睡眠不足、草草收场。想要兼顾收益又能保有私人时间，让有经验的房东教你几招吧。

拒绝私下交易

满怀期待地开张，但老是接到一堆想私下交易的私信。若你为了省 3% 的交易手续费，乍看之下赚到了，但长久来看是吃亏的。私下交易不仅无法累积评价，接到的房客水准通常也不高，遇到恶意破坏也无法通过网站机制索赔，对长久经营反而没保障。只有节选优质房客，做到诚实经营，才是长久生存之道。

节选预订

两个人来住，铁定比一个人住多赚一点；同一时段有笔五日的预订，铁定比两日的预订省事。逐渐熟悉 Airbnb 的经营与累积一定评价后，不是只有房客能挑房源，你也有资格挑高价值的客人了。

制定最短入住日

老接些一两日的短期预订，初期可当作练功或累积评价之用。但若还只是个副业，哪有闲情逸致每天面对来来去去的陌生人？别说要忙上班，光打扫换床单就能忙晕头。**一般来说短期旅游为五六日，所以最短入住日建议可从三四日起跳**，实行一个月后视成效再作调整。

逐渐调价

刚开始经营的人，通常都没勇气把房价定高，怕吓跑房客。其实只要经营得好，你会逐渐通过房客的评价了解自己房子的优点。**随着评价数上升，房价估值也会偷偷上升哦！**既然评价会增加潜在房客的预订意愿，那何不借着优势来调整价格？毕竟能赚到钱才是经营下去的动力。除非是很闲的房客才会记录之前的价格，所以放胆调价吧！但若是回头客，记得给他旧价格以表感谢。

周末与旺季

跟旅馆的定价策略一样，Airbnb 也是建议周五至周日可调高价格。至于中国旅游的淡旺季，依旧是暑假期间为旺季，其次是 3 月至 5 月的春季。也别忘了将各地区的旺季以及长假考虑进去。例如 4 月底至 5 月初是日本的黄金周、5 月初是“五一”小长假、10 月初为“十一”长假等。在旺季来临的前一两个月，随着询问量的增加，你就会有感觉了。

既然是赚钱的时机，可试着将房价调高两三成，大部分人对旺季出游时房价高涨应该有心理准备，基本上抗拒不会太大。但淡季时若还维持原价，除非房源很抢手，没什么人询问时还是识相一点，稍微降价来测试反应，至少有收入才能应付日常开销。

拉拢商家

这招是**让周围商圈共处共荣、获得支持的秘诀。**凡是吃喝玩乐、购物、修缮、送礼等观光客喜欢并用得到的，务必一个个先去研究并确保品质，列出一整串清单给房客，同时帮房客要点小折扣，房客一定很开心地帮你留个好评价。甚至能跟部分商店谈抽成，累积起来也是笔不小的金额。

省时省力的秘诀

快速应对术

有经验的房东一定有体会，总收到一堆询问，但房客又迟迟难以决定要不要订，那种努力回复但又得不到下文的心情真的会让人很沮丧。尤其问题大同小异，却还要重复不断地写，应该回复到手软吧？每当面对即将上门的房客，就是一次全新工作的开始，怎样能省时省力、有效率地经营呢？

一般来说从收到房客预订请求，到确认预约为止，平均一个客人的私信来回有六七次。其中也有非常独立，调查好所有情报、只沟通两三次就结束，然后悄悄地来、悄悄地走的。若你喜欢与人沟通且很享受过程的话还好，但遇到问题比较多的人时就麻烦了。而且很多人懒得看房源介绍，喜欢直接问房东。如何增强房客信心，同时展现贴心与专业呢？

请先整理一份常见问答，并存一份到手机备忘录或电脑中，需要时可随时复制。问题一来时贴给他们一次看完，至少可先消灭很多疑问，也可斟酌加入房源介绍与房间守则。

以下为询问率高的问题和应对术：

预订前的常见问题

机场交通	问：请问怎么从机场过去最快？ 应对术：常用 Airbnb 的房客通常是以低成本为观光导向！请务必先查好各种简便路线，而且写到离房源最近的一站，千万别要房客自行调查如何下车后再转车！同时列出是否直达、下车站名、价格、花费时间等。而且许多廉价航空都半夜才抵达，务必也调查好最早、最晚的一班车。
入住弹性	问：飞机太早到，可以早点入房吗？ 问：退房当天飞机很晚飞，可以晚点退房吗？ 应对术：除了价格优势，这也是 Airbnb 最吸引人的一点。旅馆一般只接受晚点进房，晚点退房就不行了。若当天没有其他旅客入住，退房时间可弹性地给一点方便。若早到了，只要房客不在意还在清扫，让他们早点进房放行李后外出也是可以的。若无法给他们方便，也务必告知他们车站哪里有寄物柜，或寄放行李的专门店。
折扣	问：可以算便宜点吗？ 问：我们有小孩，小孩可以不算钱吗？ 应对术：要不要给折扣，看房东个人可接受的程度。例如长住、回头客、有婴儿等，请自行决定折扣程度。或者与房客条件交换，如愿意保持干净、帮忙倒垃圾或留好评等。 　　但建议除非是对方主动问起折扣，否则不需要直接把底牌亮出来，少了收入，心也是会痛的。
房内设施	问：有婴儿床吗？ 问：房间的旅游书和地图，可以借我带出去吗？ 问：床是一张大双人床，还是两张单人床？ 问：出去后怎么移动上网，有 WiFi 分享器可带出去吗？ 问：附近有超市吗？ 应对术：特别是现在人手一个智能手机，自助旅游的人会非常需要移动上网。类似日本的移动 WiFi 分享器并不常见，顶多只能建议房客自行申请上网漫游。另外若怕房客把旅游书籍携出后遗失，建议定时去旅游部门、地铁站索取免费旅游资讯与地图，供房客自行使用即可。
代订服务	问：可以先帮我订餐厅吗？ 问：可以先帮我买高铁票吗？ 问：某个牌子的面膜能先帮我叫一箱吗？ 问：可帮我代收网购商品吗？ 应对术：虽然有些是小事，但若真的服务到家，房客们的满意度是会提高的。但若写到评价内，往后也可能忙不完。特别是代订有日期限制且需付款的票券，万一房客不认账也是笔不小的损失，请视自己的能力再决定要不要帮。 　　另外有越来越多人喜欢上网购物后，指定送到住宿处；也有些房客特别为购物而来，会提出一些奇怪的需求，如“钓竿哪里买？”“眼镜去哪里配？”等，若心有余力再帮忙查询吧，毕竟被当成万事通也很麻烦。

房屋守则

这简直是想当轻松房东者的必备武器！毕竟房源介绍无法载明太详细的使用规范，好好准备一份详尽又能让人解惑的守则，更能使宾主尽欢，而且**省了许多另外说明的时间，也能让房源保有较佳状态**。宁愿刚开始辛苦一点制作，日后会比较轻松愉快。建议编辑后将档案存在如云盘等网络空间，分享给预订成功的房客，请他下载详阅。分享时也可顺便询问房客较可能的抵达时间。

在建立 Airbnb 房源资料时，也有提供“房屋守则”的制作功能，可多加利用哦！推荐至少要有以下资讯：

房屋守则应有的资讯

机场交通	同前页的应对术
最近车站	在询问初期建议先不写（避免未知的麻烦），完成预订后再给即可。包括地铁、公车站等，附上实际照片与箭头指标更好。
一楼照片	这很重要！避免房客走错门、按错门铃。若怕直接在网站上曝光会惹争议，建议放在房屋守则内。
屋内守则	家电、洗手间、卫浴等的使用方法，禁烟与否，垃圾分类，空调建议温度，门房钥匙密码，网络账号及密码，社区守则或其他想交代房客遵守的事项。 钥匙忘记归还的赔偿金额，也别忘了写上！
附近环境、景点推荐	超市、邮局、银行、餐厅、咖啡店等，或者有想推荐的店，写得越清楚越好。若有附近推荐的景点，即使远一些也没关系，能作为房客规划行程时的参考。
联系方式	房东的室内电话及手机（请加区号）、e-mail 等，有其他备用联络人也建议写上，并保持通话畅通。

钥匙交付

就像前面所提，房东可能因为上班、外出旅行等原因，无法亲自交付钥匙，所以如何将其安全地送抵房客手上，是门大学问。但凡放在邮筒、地毯下、窗户门缝、盆栽里的情况我都遇到过（但都不安全），现在还有帮助房东交付钥匙的行业诞生——钥匙管理快递公司。但目前比较流行的方式是使用钥匙存放盒与电脑式密码锁。

若不想天天守在房子等人，或者房源非自家、半夜无法前往接应、房客不知如何将钥匙归还时，有种神器可让你更轻松，它就是密码锁。但太方便有时也会造成治安上的死角，建议使用前先评估房源周边环境，同时审核入住房客的评价，或者将入住者标准提高到有护照认证等，以确保使用上的安全。

两种密码锁

钥匙存放盒  	最常见的大门钥匙安放处，可设定及更改密码，在欧洲地区、日本很常见。 优点：价格便宜，坚固耐用。 缺点：房客容易忘了把钥匙归位、被不明人士拔走导致窃贼侵入。
电脑密码锁 	类似旅馆房间使用的电脑密码锁，可设定及更改密码，甚至网络远端遥控变更。 优点：可不定时更改密码，确保安全性。避免房客临时忘了带钥匙出门。 缺点：装设成本、维修费用较高，停电时无法使用，容易操作错误或被恶意破坏。

备品库

对于要经常性更换的备品如床单、床罩、枕头套、毛巾等，请多准备两三套吧，以免来不及临时准备。若有多处房源，建议可将备品的尺寸统一，方便统一清洗、整理与共同使用。

处理麻烦秘诀

“外星球”来的房客

独立自主、问题不多、守规矩爱干净、善于交流的房客，对房东来说根本就是天使，但现实生活中这样的好房客并不多，尤其现在人人都可搭廉价航空出游，低成本观光盛行，其中也有不少贪便宜、素质较差或是没有出国经验的人。房东有时还得肩负起教育与引导的工作，想当个五星级房东可没那么容易。

大部分的人只要好好讲，基本上都能沟通，但其中也不乏很难沟通的人。即使房东讲得再清楚，房屋守则写得再仔细，照样有人想挑战不可能。只要你还想当房东一天，就要有心理准备。但有时是习惯不同造成的观念误解，并非房客的责任，需要房东事先讲清楚的哦。

日本房子中的洗手间是没有垃圾桶的，用完的卫生纸需要直接冲掉。
日本旅客来到中国可能就不习惯看到有垃圾桶在厕所。

鸡同鸭讲

有些人喜欢对规则视而不见，明明规定不准抽烟，他还要问房内能不能抽。或是你讲东，他就一直讲西。若在询问阶段发现房客有这个倾向，赶快去看他过往收到的评价，再决定要不要接受预订。**这种人有很大可能是被前几个房东投诉过的**，收了也会造成麻烦。

房客迷路中

谁都会迷路，何况到了人生地不熟的地方。八成以上的房客几乎都无法在预订时间抵达，请不要责怪他。而且房客迷路的责任，有一部分可能在房东身上，因为你没能给出明确的指示。迷路时的房客是很容易被惹怒的，没尽快帮忙解决会造成不愉快。除了房屋守则中要写清楚，还要随时保持手机畅通，无法前往接应也要在预订的抵达时间询问房客是否安全抵达，确保他已顺利入住，至少让房客感受到你的关心。

各国习惯大不同

例如对如厕后卫生纸的处理（直接冲掉或扔进垃圾桶）、碗盘清洗（欧洲有些使用有机清洁剂，当地习惯不将泡沫冲净）、卫浴干湿分离、垃圾分类处理等，每个国家的习惯不同。除了在房屋守则中写清楚外，贴个显眼的便利贴提醒房客，也是不错的办法，可避免因不了解而造成设施损坏，甚至牵涉赔偿。

被迫当保姆

“房东你不在家时，到底去了哪里？”“我路不熟，你明天可以陪我去那个景点玩吗？”别以为这种依赖性高的房客不存在，还真的不少呢。若房客外语能力不高，或生平第一次出国自助游，依赖心理多少会比较强。**主动提供旅游资讯供他参考，是积极的解决办法**。但若遇到了毫无行动能力、每天巴望着你能带他出去玩的房客，甚至在外发生一点问题，就急电要你马上到场处理等，这类房客是很难躲开的，遇上时就当作自我磨炼吧，毕竟来者是客。

乱给评价

明明房客在住宿时还微笑着说房子很棒，但一离开却马上留下了极差的评价，对此种房客，相信哪个房东应该都无法接受。先自我检讨是否因为房源环境与服务有哪里不妥，还是房客对房源要求过高。例如明明是小而美的套房，住进来后却嫌空间太小，或是抱怨没有供餐、水果等。除了私信跟房客讨论是否有修改空间外，一旦房客不愿意修改，只能在评价中追加点意见帮自己平反。若很明显是来闹场的，记得要跟 Airbnb 提出申诉。

忘了还钥匙

出来旅行，从刚开始的战战兢兢，到要回国前一刻松懈下来，最容易忘东忘西。若整串钥匙被房客直接带回国，基本上也不必跟他索讨，请直接索赔吧。记得除了预备一到两副备用钥匙外，别忘了要设定保证金，若真的钥匙遗失或忘了归还，可直接申请赔偿损失。此外，**在房源守则中载明赔偿事宜，可提高房客的警觉性**。同时在房客退房前一晚或当天早上，私信提醒他别忘了归还。若真的碰到太过散漫的房客，可考虑加装先前提到的密码锁。

自己的疏忽

有许多意料之外的状况，是源自房东的不小心，若真的发生状况了，保证房客会非常愤怒。除了平常租房管理上就要特别仔细外，一旦发生状况时也要尽速应对，没有房客希望难得的假期毁在你的粗心上。

房源超租

许多房东为了提升出租率，会在许多租房渠道上刊登房源信息。这些网站彼此处于竞争态势，大多无法连网更新出租档期。一旦房东没管理好，很容易发生多组房客“强碰”，不但会显示你的不专业，而且若无法立即协助安排其他住处，后果难以想象。除了不要太贪心外，**随时更新网站上的可租日期、保持最正确的资讯**，才不会带来灾难性后果。

意外事故

例如因房内设备年久失修，突然损坏而导致房客受伤；屋内太多尖锐物品没有做好防护，导致房客小孩碰撞等。建议在迎接下一个房客前，彻底把屋内设施巡查一遍，确保所有设备安全可靠。若等事情发生后再来补救，往往就来不及了。

图书在版编目（CIP）数据

民宿网Airbnb带你住进全世界人的家 / 詹育雯著
. -- 南京 ：江苏凤凰科学技术出版社，2017.7
ISBN 978-7-5537-8454-0

Ⅰ. ①民… Ⅱ. ①詹… Ⅲ. ①互联网络－应用－旅馆
Ⅳ. ①F719.2-39

中国版本图书馆CIP数据核字(2017)第133483号

民宿网Airbnb带你住进全世界人的家

著　　　者　詹育雯
项 目 策 划　凤凰空间
责 任 编 辑　刘屹立 赵　研
特 约 编 辑　杜玉华 姚　远

出 版 发 行　江苏凤凰科学技术出版社
出版社地址　南京市湖南路1号A楼，邮编：210009
出版社网址　http://www.pspress.cn
总　经　销　天津凤凰空间文化传媒有限公司
总经销网址　http://www.ifengspace.cn
印　　　刷　北京博海升彩色印刷有限公司

开　　　本　650 mm×880 mm　1 / 16
印　　　张　12
字　　　数　192 000
版　　　次　2017年7月第1版
印　　　次　2017年8月第2次印刷

标 准 书 号　ISBN 978-7-5537-8454-0
定　　　价　59.80元